# 非常使命

小红门

②

北京市朝阳区小红门地区
2017-2022年百姓宣讲活动纪实

中共北京市朝阳区委小红门地区工委
北京市朝阳区小红门地区办事处
－编－

# 编委会

## 序言

# 以小视角展现大变化
# 用小故事反映大时代

2012 年，小红门乡响应北京市、朝阳区成立"中国梦"百姓宣讲团的号召，组建了一支由土生土长的地区百姓组成的宣讲团队伍——"乡梓梦"宣讲团，通过逐年开展宣讲活动，树典型，入人心，在小红门不断前进的道路上留下了浓墨重彩。

时光荏苒，岁月如梭。从 2017 年至 2022 年，日新月异的变化处处彰显。六年来，从党的十九大到党的二十大，在这"两个一百年"奋斗目标的历史交汇期，我们全面建成小康社会、实现第一个百年奋斗目标，又乘势而上开启全面建设社会主义现代化国家新征程；六年来，我们紧密团结在以习近平同志为核心的党中央周围，共同向改革开放 40 年的伟大历程致敬，回顾新中国成立 70 年的光辉成就，庆祝党的百年华诞，为北京冬奥会、冬残奥会冰雪健儿们喝彩；六年来，首都北京在改革发展稳定以及改善民生各项工作上成效卓越，率先全面建成小康社会，城市综合实力和国际影响力迈上新台阶。

这六年，也是小红门宣讲团蓬勃发展再上台阶的新阶段。从 2017 年起，宣讲活动开启了崭新篇章：以典型事迹传播为重点，不仅为小红门地区百姓群众参与城市建设、服务地区发展持续不断地注入动力与源泉，更大力推动了习近平新时代中国特色社会主义思想在群众中入耳、入脑、入心。宣讲团的成员们以微观视角展现大变化，用短小故事反映大时代，通过他们亲切、生动的讲述，将一个个感人的故事娓娓道来，用人民群众听得懂、听得进的话语，让党的理论"飞入寻常百姓家"。

宣讲不是简单的讲故事，要落地生根。习近平总书记强调："传播好马克思主义，不能照本宣科、寻章摘句，要大众化、通俗化"。近年来，小红门宣讲团紧跟时事热点，与时俱进，结合每年重大事件确定主题，同时充分考虑地区群众的特点和精神文化需求，结合生活实际，开展宣讲活动。2017年围绕"不忘初心、牢记使命"这个主题，宣讲小红门地区党员、群众、基层一线工作者践行党的十九大精神，投身地区发展建设的所做、所感；2018年以"乡路·梦想与征程"为主题，共同回顾百姓群众与改革开放、中国梦相遇的美好回忆；2019年以"乡见·砥砺前行的筑梦人"为主题，回首七十载，看华夏日新月异，聆听宣讲人不忘初心、逐梦前行的故事；2020年疫情肆虐，"乡见·抗击疫情的筑梦人"宣讲活动展现了在不同岗位上那些"舍小家保大家"的抗疫工作坚守者的动人故事；2021年以"百年见证光荣使命，我心向党砥砺前行"为主题，在庆祝中国共产党成立100周年之际抒发对党的热爱之情、表达对党的感激之情；2022年"迎接党的二十大，奋进新征程"宣讲活动，引领广大群众坚定信念，牢记使命，担当作为，以实际行动迎接党的二十大胜利召开。

宣讲不是简单的煽情抒情，要凝心聚力。从党和国家事业的蒸蒸日上，到首都北京的日新月异，再到小红门的日益变迁，每一名宣讲员透过不同的故事和视角，带领我们发掘身边的变化与美好，也引领我们进一步明确了一个共同的目标，那就是：在实现人民生活更加美好，人的全面发展、全体人民共同富裕取得更为明显的实质性进展的道路上不断前行。

从宣讲团刚刚成立的摸索初探，到如今的品牌建立，十年弹指一挥间，我们不断总结经验、创新宣讲模式。通过宣讲焕发群众百姓干事创业的活力，再到基层工作中挖掘典型人物，让宣讲和工作实践形成良性互动，切实拧成一股绳。面对疫情，充分发挥网络新媒体优势，通过线上宣讲、创意视频等模式，不断增强宣讲影响力。

展望 2023 年，小红门宣讲团即将开启下一个十年，不忘初心，砥砺奋进。我们将继续挖掘好每一名"百姓宣讲员"的故事，他们既是榜样力量，更是地区建设的见证者，要充分彰显他们的能量，以百姓的视角、群众的语言，看城市如何发展进步，看政策如何深入人心，讲述平凡人在不平凡的奋进道路上不断前行的故事。

（作者系小红门地区工委书记）

# 目录

# 第二章 使命·担当

# 第三章 奋发·追梦

## 第六章　守望·幸福

第一章

承启·前行

# 不忘初心、牢记使命

## ——2017 年小红门地区百姓宣讲活动掠影

为深入学习党的十九大精神，贯彻落实习近平新时代中国特色社会主义思想，小红门地区召开党的十九大精神百姓宣讲暨十佳人物表彰活动。此次活动共形成了六个宣讲故事，以党的十九大精神为立足点，以普通党员、群众、基层一线工作者事迹为基础，突出"热爱农村事业，助推中心工作"的特点，围绕"不忘初心、牢记使命"主题，结合学习宣传贯彻党的十九大精神做好宣讲工作。此外，在宣讲活动现场为小红门地区 2017 年度践行社会主义核心价值观十佳人物颁奖，他们在家乡的热土上奉献拼搏，为地区发展助力，播撒"正能量"，他们的一言一行是对社会主义核心价值观的生动诠释。通过宣传、表彰十佳人物，让他们成为倡导者，带领大家把十九大精神及社会主义核心价值观落到实处。

### 活动主题

## 不忘初心、牢记使命

### 指导思想

坚持以马克思列宁主义、毛泽东思想、邓小平理论、"三个代表"重要思想、科学发展观为指导，深入贯彻落实习近平新时代中国特色社会主义思想，贯彻党的十九大精神，认真学习贯彻习近平总书记系列重要讲话精神。围绕"不忘初心、牢记使命"主题，宣讲小红门地区党员、群众、基层一线工作者践行十九大精神，投身地区发展建设的所做、所感，对地区的十佳人物进行表彰，依托身边人、身边事，引导群众百姓深化对党的十九大精神的领会和理解，持续推动习近平新时代中国特色社会主义思想和党的十九大精神深入基层、深入人心，让党的十九大精神成为凝聚人心、鼓舞士气、推动小红门地区发展的动力。

## 宣讲内容

### 传承地秧歌，舞出新风彩

赵凤岭是红寺村人，也是小红门地秧歌的传承人。他不仅把小红门地区近百年的传统文化继承保存下来，还连续七年在校园开展地秧歌讲座，带领周围的村民组建地秧歌队，开展文化活动。他七岁学艺，至今已年过七旬，真正践行了用一生的时间去传承保护民俗文化。

### 规划谋发展，合力助前行

王栋是小红门乡规划科的工作人员。规划意味着要建设、要发展。他在小红门乡工作的十年，亲眼见证了小红门乡快速城市化发展的点点滴滴，也尽自己最大努力成为助力地区城市化发展的一份力量。

### 退休不退岗，发挥余热在社区

郝修林是中海城小区的一位普通居民。他退休后积极参与社区党总支组织的活动，无论是讲党课还是志愿服务，都能看到他认真的身影。特别是在中海城环境整治工作中，他牢记共产党员的身份，在平凡的岗位上奉献自己的力量。他让我们认识到了，作为一名党员，退休不褪色，要充分发挥余热。他身兼支部宣讲员、治安巡逻志愿者、楼门长等多个职务，践行自己为党的事业奋斗终身的志愿。

### 知识青年下乡来，党的阳光照胸怀

李蒙是一名大学生村官。踏着先人的足迹，怀揣对家乡的眷恋，毕业后他义无反顾回到龙爪树村，三年村干部任期届满后又毫不犹豫地选择继续留在村里，在这片洒满青春和热血的土地上继续为乡亲们服务，以行动践行了一个知识青年如何把党的关怀传递到每家每户，让大家看到一个朝气蓬勃的青年如何尽自己的力量为家乡做实事。

### 我是党员，要为党旗增辉

梁俊国是恋日绿岛社区的党员。他当过兵、扛过枪，去过无人区，更获得过国家级奖励，退休了还教大家玩手机搞发明，他不仅用知识服务大家，更是身体力行为大家做好事，用自己的行动阐释了党员的奉献精神。

### 桥梁展示风采，凝聚产生力量

李宽宽是一名选调生。他在学校是名副其实的高才生，在小红门地区是2017年的"职场新手"。作为小红门地区党建办工作人员，他用实际行动扎根基层，在乡里、村里干了很多工作，得到过诸多的支持帮助，参加工作的这段时间，收获颇深。作为一个刚入职的年轻人，他用双眼记录下一桩桩感人的志愿服务故事，用内心感悟见证了地区工委通过搭建桥梁纽带，凝聚力量推动地区发展进步。

# 乡路·梦想与征程
## ——2018 年小红门地区百姓宣讲活动掠影

　　为回顾小红门乡改革开放以来取得的实绩，展示小红门乡基层人民群众不懈努力、顽强拼搏的精神，结合 2018 年朝阳区关于开展百姓宣讲系列活动的工作要求，小红门地区开展了主题为"乡路·梦想与征程"的百姓宣讲会。地区不同岗位、不同身份的五位宣讲员，作为扎根小红门乡基层无私奉献的工作者，围绕改革开放 40 周年和纪念建党 97 年，讲述他们与改革开放、与中国梦相遇的美好回忆故事。

## 活动主题

### 乡路·梦想与征程

## 指导思想

　　坚持以习近平新时代中国特色社会主义思想为指导，深入学习贯彻党的十九大和十九届二中、三中全会精神，贯彻落实习近平总书记系列重要讲话精神特别是对北京重要讲话精神。围绕"乡路·梦想与征程"主题，聚焦改革开放 40 周年成果，用朴实真挚的话语、生动鲜活的事例、深刻真诚的感受，为群众百姓描绘出小红门乡改革开放 40 年来产生的巨变，加深对改革开放历程和精神的认识，激励大家怀揣梦想、奋力拼搏，在实现伟大复兴"中国梦"的征程上越走越好，为取得新时代的伟大胜利凝聚智慧和力量。

## 宣讲内容

本次宣讲内容以话剧形式穿针引线，分为五大主题。

### 圆　梦

邱惠玲是社区里的一名普通居民。在改革开放几十年的时间里跟随着社会的脚步前行，将与人生目标密切结合的"个人梦"发展成了与时代脉搏紧密相连的"中国梦"。改革开放的40年里，她的梦想最终逐一实现了，她和合唱队的伙伴们，用歌声、用音乐，抒发树叶对根的情谊，讲述她眼中的"中国梦"。

### 发　展

孙天添是小红门乡综治办的一名工作人员。改革开放40年以来，社会的迅速发展离不开基层工作者对于岗位责任的坚守，立足需要、着眼发展，才能在社区的各项工作中产生动能、形成合力。城市化的步伐加快，代表着各个地区的疏解工作也要加快速度开展，面对工作上的难题，小红门乡综治办的工作人员以坚守者的姿态，在压力面前挺直了背脊，日夜坚守在安全维稳工作的一线，确保了各个社区的社会安定，为首都的和谐稳定做出了巨大贡献。

### 责　任

柴晓华是小红门乡社保所的工作人员。她用实际行动向我们展示了"责任不是肩膀上的负担，它是心中必须要有的信念"。对于从事社会保障的基层工作者来说，每分钟接到的问题都与医疗、教育、养老、扶贫等民生工作的核心重点息息相关。社会保障是民心的保障，工作人员要将强烈的责任意识表现在对每一位居民的关怀之中，时刻明确自己肩负的政治责任，将其内化于心，外化于行，感染着身边的每一个人。

### 守 护

杨波是肖村综治办的一名基层干部。如果说医生的白大褂是天使的工作服，那么综治办的红袖标就是守护者最夺目的勋章。在基层，他们始终秉持着服务百姓的初心，为地区的发展不断贡献力量，守护着居民们在建设美丽乡村的道路上奋勇前行。他们用 24 小时的巡逻值守，将安全感深深根植于群众百姓心中，在无数个奔波在一线的日日夜夜里，护卫着我们的家园。人人为我，我为人人。正是因为他们持续调动着群防群治力量，才能将守护的力量从一块砖变为了一堵墙，为经济社会发展和人民群众安居乐业保驾护航。

### 希 望

张丽伟是小红门卫生服务中心的一名全科医生。医生是传播希望的使者，他们有春风般的温情、春雨般的滋润，他们有强大的专业知识作为支撑，为每一个在疲惫生活中负重前行的人撑起保护伞。在他们的眼中都有一个"健康梦"，随着时代的发展，他们亲历、见证着卫生服务工作的逐渐完善，医疗器械的逐代更新，这些都离不开小红门乡社区服务中心这几十年来的持续努力。播种希望、收获信任，医生与病患之间建立的纽带在几代小红门乡社区医生的共同努力下愈加牢固。

# 乡见·砥砺前行的筑梦人
## ——2019 年小红门地区百姓宣讲活动掠影

回首七十载，华夏日新月异。展望新时代，前路无限光明。为回顾小红门乡历经时代变迁取得的长足进步与发展，展现几代小红门人扎根于此、砥砺奋进的良好品质，2019 年 6 月 27 日上午，小红门地区"乡见·砥砺前行的筑梦人"主题宣讲在城外诚举行。活动现场邀请了五位来自小红门乡基层的无私奉献工作者，他们在各自的岗位上，有着许多值得回味的故事和经历。五位宣讲员以话剧表演为载体，为百姓群众生动讲述了在小红门这片土地上不忘初心、逐梦前行的故事。

## 活动主题

### 乡见·砥砺前行的筑梦人

## 指导思想

2019 年是新中国成立 70 周年，也是决胜全面建成小康社会第一个百年奋斗目标的关键之年。小红门地区坚持以习近平新时代中国特色社会主义思想为指导，深入学习贯彻党的十九大和十九届二中、三中全会精神，围绕中华人民共和国成立 70 周年庆祝活动这条主线，以"乡见·砥砺前行的筑梦人"为主题，用宣讲行动表心声，用励志事迹动人心，向祖国母亲七十华诞献礼。此次宣讲活动选拔的五位宣讲员同时也是小红门地区发展的参与者、见证者，他们用自己的所见所闻、所做所想，声情并茂地讲述了小红门地区在70年的岁月里取得的长足进步与发展，用几代人的小红门故事，展现了大家在这片土地上不忘初心、逐梦前行的故事。

## 宣讲内容

本次宣讲活动，小红门乡以微话剧与宣讲相结合的形式，受到观众的广泛好评。一个宣讲员就是一场微话剧，通过演员配合演出，还原宣讲涉及的重要场景，宣讲员一边演一边告诉大家宣讲故事的背景，再进行主题宣讲。极强的代入感，让观众身临其境聆听身边事，引来台下观众的掌声与好评，使党的声音入脑入心，充分回响。

### 千万乡音一线牵

"无数个拨号、记录、回访的日日夜夜，只为了将一声声的'您好'换来一次次的'满意'。"

郝丽是"12345"服务热线的接线员，是小红门乡非紧急救助服务中心的工作人员。他们用一根电话线拉近了地区政府与百姓之间心与心的距离，无数个拨号、记录、回访的日日夜夜，只为了将一声声的"您好"换来一次次的"满意"，在与百姓们耐心沟通的每一次电话里，用精细的服务和耐心的态度抚慰了每一个寻求帮助的人，始终用心用情维系着我们的家园。

## 用服务润泽家园

"以责任心做好细微之事，以平常心坚守清贫之业。"

王博晨是社区居委会的基层工作者，社工们将百姓的大事小情放在心间，将责任心和服务意识表现在对每一位居民的关怀之中。对于走进居委会的每一位居民，他们都要明确肩上背负的责任，这份责任直接关系到群众的利益和生活质量。"人人为我，我为人人"，他们不断自发集结成志愿者队伍，将服务的力量从一双手臂传递到千万条臂膀，不辞辛苦、始终如一地为百姓们提供温暖的关怀和帮助。

## 繁花绿意，植入心中

"抒发树叶对根的情谊，讲述锲而不舍的追梦征程。"

王赛是地区综服中心的工作人员。她和她的同事们是在工作中脚踏实地、在生活中追逐梦想的筑梦者。他们始终坚持迎接挑战、抓住机遇，将地区的每一棵树、每一朵花当成自己的孩子来呵护和照顾，致力于加大生态文明建设力度，加快绿色发展步伐，全力以赴建设人与自然和谐共生的现代化，为建设美丽家园作出不懈努力。

## 它之倾倒，我即心安

"安全是围墙上'拆'字补全的一个点，安全是非宅倒塌时心里松了的一口气。"

侯晓峰是牌坊村委会的工作人员，他严谨对待每一次的非宅回收，用坚忍不拔的毅力、春风化雨般的耐心、强大的"心脏"，为小红门地区的安全发展倾尽全力。无论是拆除工作的落实到位，还是服务设施的逐渐完善，都离不开他们夜以继日的汗水和辛劳。

守卫百姓、收获信任，地区与百姓之间建立的纽带在几代小红门乡工作人员的共同努力下愈加牢固。

## 难忘的 1 分 06 秒

"用每一句嘶吼的口号传递着大国的精神，用每一个坚定的脚印丈量着生命的长度。"

张超是一名从小红门走出去的女民兵，年纪轻轻，身披戎装。她的阅兵故事，展现了她的坚忍不拔，和千千万万个女民兵一样，用无悔的青春为祖国献上了最好的答卷。她用实际行动表达着对祖国的深沉热爱，用每一句呐喊的口号传递着大国的精神，用每一个坚定的脚印丈量着生命的长度。

# 乡见·抗击疫情的逆行者
## ——2020 年小红门地区百姓宣讲活动掠影

弘扬抗"疫"精神，讲好百姓故事。2020 年是不平凡的一年，一场突如其来的新型冠状病毒肺炎疫情迅速蔓延，在党中央的坚强领导下，党员干部、百姓群众纷纷积极投入抗疫工作，风雨同舟、众志成城，全面落实防控措施，坚决打赢这场防疫战。为展现抗击疫情的拼搏精神，结合 2020 年朝阳区关于开展百姓宣讲系列活动的工作要求，小红门地区于 2020 年 9 月组织开展了"乡见·抗击疫情的逆行者"百姓宣讲会。在活动现场，六位宣讲员讲述和回顾了小红门人的战"疫"故事，充分展现了小红门乡疫情防控形势持续向好、生产生活秩序加快恢复的良好态势。

## 活动主题

乡见·抗击疫情的逆行者

## 指导思想

高举中国特色社会主义伟大旗帜，深入贯彻党的十九大和十九届二中、三中、四中全会精神，坚持以马克思列宁主义、毛泽东思想、邓小平理论、"三个代表"重要思想、科学发展观、习近平新时代中国特色社会主义思想为指导。围绕"共抗疫情，决胜小康"的核心主线，通过选拔六位宣讲员讲述感人事迹，描绘出小红门乡抗"疫"工作者的工作剪影，展现了面对疫情，小红门乡全体工作人员始终将初心和使命刻在疫情防控的第一线，用行动守护无数居民的健康，用奉献成就千万家庭的团圆，共克时艰、抗击疫情，迎接更加美好的明天。

## 宣讲内容

### 爱国的"胎记"

——鸿博家园第五社区居委会工作人员 牛宏文

宣讲事迹：从酷暑到严寒，从"阅兵腿"到"勒痕"，宣讲围绕着国庆和疫情为她留下的爱国"胎记"徐徐展开。深夜的寒冷、居民的理解、家人的支持、信息统计的烦琐、防护服的闷热……随着宣讲人的娓娓道来，带您了解基层抗疫的辛酸苦辣。阅兵结束仅仅不到半年的时间，就将"战场"转移到社区的疫情防控工作，将阅兵精神继续传承，将爱国情与使命感相互交融，无论何时何地，愿与祖国共奋战。

### 为了万家灯火，我愿负重前行

——中海城社区居委会工作人员 墨斯斯

宣讲事迹：大年二十九的凌晨，中海城社区用 90 秒的时间就完成了一次史无前例的集结。在工作人员的讲述中，我们感受到一颗小小的螺丝钉拧到最紧时，能够迸发出多大的能量。无论是物流运输、物资采购，还是一线值岗、人员转运，都有他的身影穿梭其中。众多的社区工作者组成了"社区守护者联盟"，虽然辛苦，但为了万家灯火，总要有人负重前行。

## 编辑部里那些您不知道的故事

——小红门乡宣传科工作人员 郭正开

宣讲事迹：疫情暴发后，原本热闹的街巷一夜之间变得空荡，无数居民在家足不出户，使得他们对疫情数据、防疫知识的了解几乎完全依靠网络宣传，这让工作人员迅速投入到小红门乡疫情防控知识的宣传教育和正确的舆论引导工作中。随着几百篇新闻报道和微信推送，它们穿越寒冬、传递温暖，是小红门乡抗"疫"工作最好的注解与备忘录，而工作人员们虽身处一线，却将自己的身影隐藏在了字里行间。疫情终将过去，伤痛也会被淡忘，但是抗"疫"过程中的温暖与感动值得被铭记，是他们在幕后工作，为小红门乡镌刻下永恒的回忆。

## 我在数据组的那段日子

——防疫工作数据组工作人员 路蕊

宣讲事迹：疫情防控数据统计工作量庞大而繁杂，它的背后是11个单位、53000名居民的鼎力相助。工作之初，互不相识的数据工作人员们连彼此的名字都没记住，就立刻投入到各自的工作岗位上，每天从"你好"开始到"明天见"结束，油然而生的使命感让他们默默拧成了一股绳，为同一个目标而奋战。除了常规的数据统计，还会收到突如其来的百人名单等待核实。有时深夜拨号会听到抱怨，更多的时候却是得到百姓们的感谢。只要疫情还没结束，为了百姓也绝不能退缩。

## 健康所系，生命相托

——小红门社区卫生服务中心医务工作者 曹璐

宣讲事迹：疫情来袭，是万千医务工作者走上空荡荡的街头巷尾，深入居民家中，守护千万人的生命健康。从第一次核酸检测内心的紧张和忐忑，到每天与病毒"擦肩而过"的压力与不安，再到家人支持的不忍与感动，一名医务工作者将抗"疫"以来的内心世界说给大家听。技不在高，而在德；术不在巧，而在仁。医务工作者们将坚守救死扶伤、守卫健康的从医初心，以大爱铸造医魂，用实际行动诠释新时代医务工作者的使命和担当，打赢这场没有硝烟的战"疫"。

## 为别人点燃一盏灯，也会温暖自己的心

——北京鑫百万大康餐饮管理有限公司工作人员 孔莹

宣讲事迹：疫情于凛冬来袭，工作人员们不舍昼夜、持续工作，我们将感激捏进馅里，把祝福握在手上，把几千份热乎乎的馄饨送到各个岗位，为战"疫"出一份力。一场疫情增添了公司经营上的困难，但即便是自掏腰包承担亏损，也要保证"最暖馄饨"的品质、价格与内涵始终如一。既然他们守护了全世界，就让我们来守护他们！

# 百年见证光荣使命·我心向党砥砺前行
## ——2021 年小红门地区百姓宣讲活动掠影

为充分贯彻落实朝阳区委农村工作委员会《朝阳区农村系统2021 年百姓宣讲活动方案》的通知精神，小红门地区将宣讲作为培育和践行社会主义核心价值观的重要载体，紧扣"四史"学习教育，紧紧围绕"永远跟党走"主题，用接地气、有温度的语言生动展现身边的真实鲜活的感人故事。2021 年 6 月，小红门地区在城外诚家居广场主楼报告厅开展"永远跟党走"宣讲活动，汇聚辖区杰出党员、模范人物，组织成立"百姓宣讲团"，用一件件感人至深的身边事，宣讲了党员的初心与使命，抒发了对党的热爱与感激之情。

## 活动主题

### 永远跟党走

## 指导思想

坚持以习近平新时代中国特色社会主义思想为指导，全面贯彻党的十九大和十九届历次全会精神，深入贯彻落实习近平总书记"七一"重要讲话精神。2021 年是中国共产党成立100 周年，是全面落实"十四五"规划的开局之年，同时也是北京冬奥会和冬残奥会筹办的关键之年，为进一步贯彻落实习近平新时代中国特色社会主义思想，结合小红门地区党史学习教育相关工作安排，扎实推动党史学习教育深入基层、深入群众、深入人心。通过挖掘地区先进人物事迹，讲好党的感人故事，传递正能量，不断激励广大党员干部群众齐心协力干事创业的精神斗志，努力做到学史明理、学史增信、学史崇德、学史力行，在小红门乡党委的带领下奋力工作，努力开创全乡高质量发展新局面，为全乡社会经济发展做出新的贡献，使改革发展成果全面惠及全乡百姓，书写出无愧于自己，无愧于时代的崭新篇章。

# 宣讲内容

以庆祝中国共产党成立100周年为主线，以"永远跟党走"为核心，讲述百姓如何"听党话、感党恩、跟党走"的小红门农村故事。宣讲活动选取七位地区老党员、优秀党员，围绕红色传承、红色物业、为民服务、抗击疫情、地区发展等方面，宣讲如何在乡党委带领下努力拼搏、追梦圆梦的故事，用真人真事、感人话语持续传递正能量，为推动地区发展提供强大精神力量，鼓舞激励着小红门人紧密团结在以习近平同志为核心的党中央周围，奋力谱写小红门地区发展新篇章，建设大美小红门。

## 12345，心系你和我

小红门地区12345服务热线接线员，宣讲主题"12345，心系你和我"，用一颗时刻为别人着想的心、用一根电话线拉近政府和居民之间的距离。

## 百年地秧歌，百场齐献礼

小红门地秧歌代表，宣讲主题为"百年地秧歌，百场齐献礼"，坚守初心，传承百年文化、百年党史，以百人百场小红门地秧歌为建党 100 周年献礼。

## 点亮红色，温暖百姓

世纪美泰物业服务公司工作人员，宣讲主题为"点亮红色，温暖百姓"，扎根物业服务工作，永葆为民服务之心，用热爱与热情守护小红门这片土地。

## 发扬革命传统，争取更大光荣

恋日绿岛社区工作人员，宣讲主题为"发扬革命传统，争取更大光荣"，凸显了一名老党员毕生为民做好事办实事，持续发光发热，永远跟党走的感人故事。

## 让"最后一公里"变为"最暖一公里"

鸿博家园第五社区工作人员，宣讲主题"让'最后一公里'变为'最暖一公里'"，为居民解决的操心事、烦心事、揪心事，做奔跑在"最暖一公里"、在抗疫期间并肩战斗、一往无前的奉献者。

## 与时间赛跑，为生命守护

小红门乡疫情防控专班工作人员，宣讲主题"与时间赛跑，为生命守护"，通过讲述疫情防控专班的故事，带我们深入了解地区在疫情防控工作中的重要举措，以及感人故事。

## 构筑生态家园，献礼建党百年

小红门乡综服中心工作人员，宣讲主题"构筑生态家园，献礼建党百年"，全力开展综服工作，依托实地考察，研究对症解决痛点难点问题，做小红门乡生态环境的守护员。

# 迎接二十大，奋进新征程

## ——2022年小红门地区百姓宣讲活动掠影

为充分贯彻落实朝阳区关于开展2022年百姓宣讲汇讲活动的工作要求，结合疫情防控形势，小红门地区于2022年6月在城外诚小剧场录制开展"迎接二十大，奋进新征程"宣讲活动。此次活动共精选出六个宣讲故事，由地区优秀干部、优秀党员、优秀团员等六名宣讲员依次围绕主题进行宣讲，依托"红v家园"微信公众号以线上形式向小红门地区百姓展播，充分引领广大群众坚定信念，牢记使命，担当作为，以实际行动迎接党的二十大胜利召开。

## 活动主题

迎接二十大，奋进新征程

## 指导思想

坚持以习近平新时代中国特色社会主义思想为指导，深入贯彻党的十九大和十九届历次全会精神，以"强国复兴有我"为主线脉络，通过宣讲方式，以身边人讲述身边事，以身边事启发身边人，激励全体党员学习实践习近平新时代中国特色社会主义思想，发挥党支部的战斗堡垒作用和党员先锋示范作用，树立党员干部优良形象，为小红门地区快速发展做出贡献。

# 宣讲内容

## 第一社区众志成城共同抗疫

宣讲事迹：第一社区发现确诊病例后，在乡党委的带领下，书记连夜调度、主要领导带队奔赴一线，为社区群众建起防疫安全屏障。全体党员凝心聚力，克服人少、时间紧、需求多等困难，尽可能在保证防疫安全的前提下，满足群众需求，用实际行动守护大家的生命安全和身体健康。在这样的背景下，通过亲历者讲述封控过程中的恐慌、震撼与感动，让更多群众感受到众志成城战胜疫情的不易，在思想和行动上自觉与乡党委和政府同频共振。

## 青年党员助力冬奥保障工作

宣讲事迹：冬奥会是展示我国大国实力和精神风貌的重要窗口，按赛事安排需对人员进行闭环管理。根据上级要求，地区选派了多名优秀青年党员助力冬奥会防疫工作。通过讲述闭环期间发生的事迹，展现地区优秀党员，特别是优秀年轻干部风貌，鼓励更多年轻人不辱使命，不负韶华，继续勇担时代使命，为地区发展贡献力量。

## 党员引领精准拆违，改善地区整体环境

宣讲事迹：以恋日绿岛小区拆违为切入口，通过宣讲"零事故、零舆情、零投诉"的"三零"工作方法，结合"为民办实事"实践活动，体现坚持党建引领、群众参与拆违的重要意义，为完成全年拆违任务，进一步提升地区整体环境奠定基础。

## 党建引领，打造便民服务中心"窗口"品牌

宣讲事迹：地区便民服务中心日均接待量大，服务办事对象不仅包括地区一老一小，还涉及失业保障人员、地区企业等。宣讲员以"便民小窗口，服务大作为"为中心，讲述服务不同对象过程中发生的故事，突显党员先锋岗的示范带动作用，实现党建工作和服务工作互促互进。

## 近年来地区发展重大变化及地区"十四五"重点工程

宣讲事迹：以地区青少年（儿童）为视角，展示我眼中的小红门（或地区重大变化），如地区有了属地学校，小区有了舞蹈队活动室，放学回家的路又宽敞平直了。通过挖掘这些变化的原因，阐述党建引领地区发展的重要性，在赞叹这些美好变化同时，更加期待"十四五"时期地区更多更美好的变化。

## 白衣卫士让党旗更鲜艳

宣讲事迹：地区卫生服务中心不仅承担着卫生健康工作，疫情期间还负责核酸检测、疫苗注射及疫情突发卫生情况处理等多项重大保障任务。作为守护地区百姓生命健康最前沿，他们用实际行动践行着党员的初心使命，让党旗始终在防控一线飘扬。

第二章

使命·担当

宣讲人 | 赵凤岭 | 国家级非物质文化遗产项目小红门地秧歌传承人

# 传承地秧歌，舞出新风彩

生活在北京的朋友们应该都听说过，同仁堂、全聚德、内联升等百年老字号。这些品牌、企业无不是经过风风雨雨，跨过无数个难关才走到今天。而这几百年里，"传承"二字则显得弥足珍贵。其实，需要传承的不仅是品牌，一项运动、一项艺术同样需要有人能继承前人的"火"，开辟出自己的路。在我们小红门就有这么一位老人，他是国家级非物质文化遗产项目小红门地秧歌的第三代传承人。从地秧歌这项民间艺术出现至今，已经传承了200余年。但在当今这个信息化如此发达的时代，手机、电脑等科技设备，为广大年轻人提供了娱乐的平台，地秧歌已经很难吸引年轻人的目光。不过赵老师却一直在传承的路上坚守，他坚信，民族的瑰宝不会在我们这代人手里丢弃，地秧歌一定能迎来属于自己的春天。

## 非遗助力传承，坚守方得始终

大家都知道，2011年，咱们小红门地秧歌已经被列入国家级非物质文化遗产，成为每一个小红门乡人的骄傲。今天，我要讲述的

就是这背后的故事。

　　小红门地秧歌的全称是"北京市左安门外红寺村太平同乐秧歌圣会"，承起于清乾隆二年，到今天已有200多年的历史。200多年的传承是一代又一代人的坚守，是一批又一批地秧歌人用自己的初心和汗水，延续了这一民族瑰宝的生命力。不过，大家可能想象不到，在光鲜亮丽的演出背后，地秧歌的学习和表演其实非常辛苦。

　　有时候，一个举手一个投足，看似平常无奇，但要做好，至少需要两三个月的练习。

本来地秧歌入门就难，如今村里的年轻人都出去打拼挣钱了，能够传承的后辈就越来越少，让地秧歌重焕活力的重担自然就落到了我的肩上。为了让地秧歌后继有人，我背负了无数的质疑，毅然打破了地秧歌传男不传女、传内不传外的规矩。后来，我又在区非物质文化遗产保护中心和小红门中心小学的支持下，开启了"非遗进校园"活动。因为地秧歌的鼓点欢快，小朋友很容易就被吸引进来，但是小朋友好动的天性，也给我的教学带来了不少苦恼。

## 创新教学方法，开拓传承之路

记得第一批学生是最难带的，几节课下来，动作没学会几个，道具倒是坏了不少。为了让小朋友更容易记住动作，我绞尽脑汁创新教学方法。那时候，我白天过来给孩子培训，晚上回到家，还要想方设法把动作要领改编成连环画，经常一熬就是大半夜。记得有一次下大雪，交通拥堵特别厉害，我只能徒步去学校。到了学校，小朋友都惊呼，今天老师变成了"雪人"爷爷。我的师傅经常告诉我说，学艺先学人，为了把地秧歌传承下去，为了不辜负孩子们的一腔热情，一点风雨根本阻挡不了我的脚步。后来的几年，我培养的三批小学生已经能在各种活动中登台演出，成为弘扬传统文化最可爱的代言人。

## 传承之路上，不只有赵老师一个人在奋斗

其实，为了传承地秧歌，不只是我一个人为之付出努力，我们团里的几位弟子也倾注了很多心血和时间。有时候，他们替我为孩子们排练，不但一分钱不收，还自己贴工贴料地招待学生们，生怕他们受了委屈。就在这次宣讲前夕，我无意中在排练室里看见一个破旧的记事本，这个本里面记录的全部都是弟子们这么多年为地秧歌演出贴补的费用。我记得有一篇清楚地写着："八大处演出，大巴车2辆，共计2400元。北京东岳庙演出，手旗30把。"我粗略地看了几页，杂七杂八的费用加起来就有一万多，而弟子们怕我负担的太多，他们跟我汇报的花费，比真实的数字要少好多，而他们中的很多人，每个月也只是依靠绵薄的退休金维持生活。可以说，大家为了地秧歌真的倾尽所有，从来没想过回报。

如今，我的年龄越来越大，腿脚也没前几年好使了。前不久，

在教课的过程中，我突然感觉手脚麻木，当时自己并没有在意，想着把课上完再去医院。没想到，突然就晕倒在了讲台上。到医院一检查是脑血栓，幸好抢救及时，才没有危及生命。

我记得抢救的时候，我还是有意识的，当时我脑子里都是我们表演地秧歌的片段。所以，我出院以后就把徒弟们召集到一起，当时我就说："地秧歌是咱们老祖宗留给咱们子弟的玩意儿，我们指着别人去传播，不如我们本乡人担负起传承的重任。往后，你们每个人都有传承的义务，如果在你们手里把它丢了，那我死不瞑目！"

## 建设肖村文化大院，为传承搭建了平台

从那往后，大家传播地秧歌的热情也变得比以前更高涨了。同样发生改变的还有我们的小红门乡。以前的村子变成了高楼，亦庄线也建到了肖村。政府提倡农村城市化建设，从前的农村慢慢融入

了城市，从农民到市民，生活环境和生活方式都变了。吃穿不愁的老百姓对精神文化生活的需求越来越高，后来，乡里在肖村建了地秧歌文化大院，不仅让地秧歌的传承有了基地，也让老百姓的娱乐健身增添了几分"艺术范儿"，这让我打心眼里感谢我们的国家，感谢我们的政府。

不忘初心，牢记使命。对我来说，我的初心和使命就是把地秧歌文化更好地传承下去，能为更多的人带去健康与快乐。《愚公移山》里说，不怕大山难搬，因为子子孙孙无穷尽也。在我看来，地秧歌的传承也是子子孙孙无穷尽，咱们民族文化的传承，咱们社会主义文化建设，也一定会子子孙孙无穷尽也。谢谢大家。

## 延展阅读

秧歌是中国（主要在北方地区）广泛流传的一种极具群众性和代表性的民间舞蹈的类称。秧歌在中国已有千年的历史，明清之际达到了鼎盛期。汉族民间有一种说法是，古代农民在进行插秧、拔秧等农事劳动过程中，为了减轻面朝黄土背朝天的劳作之苦，所以高唱歌曲，渐渐就形成了秧歌。

在民间，百姓会把秧歌分为大秧歌和地秧歌，大秧歌多以高跷为道具，而地秧歌则不然。小红门地秧歌的第一代传承人为景录，赵凤岭的老师芦德瑞则是第二代传承人。第三代传承人赵凤岭，七岁便开始学习小红门地秧歌，小红门地秧歌的全称是北京市左安门外红寺村太平同乐秧歌圣会，承起于乾隆二年，也就是1737年。小红门地秧歌以《水浒传》中的《三打祝家庄》为主要表演内容，展现了宋江、武松、鲁智深、孙二娘等江湖人物的风采。每次正式演出时，参演的人员一共分为八对儿，共十六个人。其中，头陀（武松、鲁智深）刚劲，小二哥（马童）轻快，文扇（扈三娘）柔媚，武扇（王英）浪荡，樵夫（燕青）快乐，渔翁（宋太公）诙谐，锣（顾大嫂、孙二娘等女性角色）紧绷，鼓（李逵、时迁、杨雄、石秀）弹动。斗场和抢桥是表演中的精彩段落。斗场即不同角色之间的即兴演出。抢桥主要展示头陀的精彩技巧，两名头陀依次蹲下，站立者跃起一腿扫过对方头顶，旁边武扇、渔翁、樵夫随之一起舞动，五人逐渐加快动作，直到演出结束。

如今赵老师打破了地秧歌"传男不传女，传内不传外"的规矩，让越来越多的人有机会接触到这一古老的艺术。目前，赵老师已经培养了学员百余名，为地秧歌的传承打下了坚实的基础。

宣讲人　王　栋 ┃ 小红门乡规划科科员

# 合理谋发展，规划助前行

近两年，北京电视台《我是规划师》这档节目给人留下了深刻的印象。在节目中，我们了解到城市规划就是城市未来发展的蓝图，也是合理统筹城市布局和城市建设项目的总体计划，是城市建设管理运行的"龙头"。伴随着人们生活需求越来越高，城市规划设计在城市中扮演着越来越重要的角色，引领着城市经济和发展的潮流。尤其是在我们小红门乡，规划工作可谓是重中之重。近几年，小红门乡一直朝着"生态之乡"的方向努力发展。作为曾经的农村地区，乡党委、政府希望百姓拆迁上楼后，在享受城市文明高效生活的同时，又能贴近乡村自然，保留曾经的那一份"乡愁"。虽然任重而道远，但是乡规划科的同事从来没有放弃过努力，他们坚持用自己的所知所学，去规划出崭新的家乡。

在聆听习近平总书记十九大报告，认真深入地学习十九大报告精神的同时，我深深地感受到，近年来我国在科技创新领域开创的多项成果，更骄傲地体会到我们的祖国在各方面不断向前迈进，取得了卓越的成果，这种发展是飞跃式的、开创式的！

在这些众多体会中，"发展"是核心词，结合我自己来说，规

划谋发展，就是我们工作的目标，一个国家的发展离不开规划，而一个乡镇的成长，更离不开规划。

## 调入规划科，开启全新的工作体验

三年前，我从群团办调入规划科，初来乍到，发现规划的工作和我想象中大不一样：在群团办的七年，我主要负责文体活动，不仅工作类型繁杂，涉及的内容也相对广泛，而规划科的工作不仅具有较强的专业性，各个项目也都有着复杂的历史沿革。这对于当时的我来说，等于就是一个全新的领域，工作起来相当棘手，这时我的心里也悄悄地打起了退堂鼓。

印象最深的就是第一次跟领导参加"项目领导小组"会议，不怕大家笑话，参会人员虽然说的都是中国话，但是我百分之八十的内容都听不懂，对于一个新人来说，"规划条件""用地红线""指界"（详见本篇边栏）等这些专业名词在我脑子里都是问号，完全摸不着边际。但当时我就想着，听是听不懂，那我就把会议内容一字不落地记在本上。散会以后，我就开始查阅资料，想要弄清楚这些名词的含义。可让我哭笑不得的是，针对这一块内容，网上的信息很少，就在我不知所措的时候，科里的领导和老前辈给予了我很大的帮助与鼓励。在向科长汇报会议情况的时候，她对我说："一个新人能把会议内容原封不动复述给我，还提出了自己的疑问与见解，说明真正用心了。"之后还特意抽出时间逐词逐句地为我解读不懂的内容，倾囊相授，毫无保留。

## 一绿三批，让小红门乡的生态建设进入"快车道"

经过三年的学习和锻炼，结合工作实践，今年我参与了小红门乡纳入"第三批一绿试点"材料的整理工作，这项工作要求在一个月内梳理全乡的城市化情况。繁重的工作量和巨大的责任感，让我压力倍增，加班加点自然是这段时间的常态，就连节假日也不敢松懈，20多个日日夜夜，尽全力完成整理工作，生怕有任何疏漏。

在这段特殊时期里，参与此项工作的同事都随时待命、认真严谨，一日三餐都是食堂的饭，一周七天满是办公室的材料和文件，

虽然离家只有10分钟的路程，但家仿佛变成了睡觉的"旅馆"。有人会问，为什么我们这么卖力气？因为我们知道，这是小红门乡推进城市化的一次重要机遇：一旦成功纳入"第三批一绿试点"，就像从土路，一下子进入了畅通无阻的高速路，无疑会加快我乡城市化建设的脚步。

最终，在乡领导的正确领导下，在科室同志的共同努力下，小红门乡被正式纳入"第三批一绿试点"。下一步我乡将按照市、区工作要求，全力推进"六位一体"建设工作，将"拆迁上楼、产业发展、社会保障、绿化建设、产权改革以及社会管理"这六大项工作不断推进、深入发展，为我乡实现城市化夯实基础。

转眼已是我在小红门乡工作的第10个年头，作为一名土生土长的小红门人，我亲眼见证了家乡的发展和变化：以前的平房小胡同变成了如今的回迁房；已经建成的红坊路、博大路、成寿寺路和正在建设的龙爪树路、郭家庄路形成了我乡横纵交叉路网；肖村、小红门地铁站更是为地区百姓出行提供了便利的交通保障；鸿博郊野公园、镇海寺郊野公园在居住区东、南两侧形成了超过1700亩的绿色屏障。

习近平总书记在十九大报告中指出，"坚定走生产发展、生活富裕、生态良好的文明发展道路，建设美丽中国，为人民创造良好生产生活环境，为全球生态安全作出贡献"。作为一名小红门人、作为一名"规划人"，我们尽自己的微薄之力在工作岗位上认真勤恳，亲眼见证小红门生态环境、人文环境的不断优化，我们有理由坚信，在未来的日子里，小红门乡一定能继续在城市化建设进程中稳步发展、扎实向前！

**边栏**

规划条件：规划条件是城乡规划主管部门依据控制性详细规划，对建设用地以及建设工程提出的引导和控制依据规划进行建设的规定性和指导性意见。

用地红线：用地红线是指围起某个地块的一些坐标点连成的线，红线内土地面积就是取得使用权的用地范围。

指界：指界是通过相邻宗地双方权利人和地籍调查员对权属界址状况进行实地调查，并予以确认的过程。

何为合理规划？城市规划的合理比例又如何界定？一般来说，绿地占建设用地比例在8%~15%之间，且地区拥有方便百姓生活的商场、超市，以及教育资源等配套设施，可被视为科学合理的规划。在我们小红门乡，不仅达到了以上的条件，我们还拥有丰富的水系和基本农田，该农田位于牌坊村博大路东侧及牌坊开发路西侧，共分为三个地块，占地总面积共计135.12亩。其中有两处为辖区留白增绿地块，主要种植了适应性较强的苜蓿，通过工作人员喷洒、微喷带灌溉等养护方式，苜蓿目前生长茂盛且状态良好，形成了具有辖区特色的生态环境。

宣讲人　郝修林 ｜ 小红门乡中海城社区居民

# 退休不退岗，发挥余热在社区

　　一说到楼门长，大家可能会自然而然地想到那些退休的叔叔阿姨。的确，楼门长似乎总给人一种存在感很低的感觉。但是，了解社区工作的人都知道，社区管理、环境治理、协调邻里纠纷，这些工作中都少不了楼门长的身影。这些楼门长中，有步履蹒跚的老人，也有一生为国家奉献的党员。即便身份不同，但在参与社区治理的工作中，他们积极奉献，奋勇争先，将居民百姓的事情扛在肩上，放在心间。这种精神也形成了一股暖流，润泽了百姓的心田。

北京
红艺照相

　　搬到中海城社区，已经有几年的光景了。我年轻的时候毕业于北京石景山冶金学院冶金系炼钢专业，于1967年分配到首钢炼钢厂工作。

　　在火热的炼钢炉台上，我奋斗了近40年。经我手亲自炼制的钢材就接近1000万吨。其中包括船板钢、炮弹钢、铁路生轨钢等几十个钢种。在烟与火的拼搏中，我经受住了考验，加入了党组织，成了一名光荣的中国共产党党员。

# 退休不褪色，发挥余热在社区

退休后，离开了热火朝天的炉台，没有了生产指标的压力，也没有了早七晚八的紧张生活，忽然感到浑身轻飘飘的，生活仿佛少了那么一种味道。中海城居委会党总支书记感受到了我此时的状态，通过与我沟通谈心，希望我继续发挥党员作用，积极参加社区活动。与书记交流后，我感到豁然开朗：工厂的工作虽然结束了，但党员的身份依旧在，为党工作的初心依旧未变，犹然记得当年我填写入党志愿书时，立下的为党的事业奋斗终身的志愿。什么叫奋斗终身？就是活一天，就要为党工作一天，为党的事业坚定不移地始终奋斗。

思想通了，眼界也放开了，我不仅开始积极主动参加社区党总支组织的各种活动，更为社区的工作想办法、出主意、出谋划策。在社区党员"三会一课汇报"活动中，我充分发挥自己的优势，针对社区党员年龄偏大、信息闭塞、文化程度差异大等特点，从前期资料收集到撰写宣讲稿件，结合自身工作实际深入浅出地开展党课宣讲，把理论与社区实践工作紧密结合，受到大家的欢迎。在十九大胜利闭幕后，跟随着学习十九大精神、习近平总书记重要报告和各项决议的热

潮，我广泛联系国家工农业、国防、科技等战线已取得的骄人业绩，特别是近五年来的巨变，让党课内容融入更加生动、具象、有力的实例，使每一位听课的同志都心潮澎湃，热血沸腾。

## 志愿服务显担当，站岗执勤守平安

除了党课宣讲，我还积极发挥螺丝钉精神，参与多项志愿服务工作。当首都有重大会议或活动召开时，作为社区志愿者的代表，我总是会在筹备会上带头讲解志愿者上岗值勤的重要意义：这不是一次简单的值勤，而是在为祖国、为党和人民提供最有力的后方保障，我们每一名志愿者都应当严谨以待、认真负责！

在大雪纷飞的严寒冬季，我和小区保洁人员一起铲冰扫雪，为大家营造安全的出行条件；在大雨滂沱的夏季，我们及时检查雨水

排放情况，进行防汛排涝工作。记得印象最深的一次是在"两会"召开期间，夜间值勤时，一个火警苗头突然出现，我们及时通报负责小组、紧急封锁现场、快速处理火警隐患，避免了一次火灾的发生，得到了党总支的表扬。

除了志愿服务工作外，我还尽全力协助党总支为小区发展建设作贡献。今年春季，小红门乡政府就中海城周边环境开展治理工作，重新进行绿化施工。从前期发放《致小区居民的一封信》，与居民沟通做好宣传疏导及安抚工作，到后期绿化带绿植播种后的定期养护工作，我们始终做到"有人改造、有人维护，有人播种、有人管理"，尽管被埋怨、被误解，我始终坚持认认真真做事，因为这是一名共产党员应当做的。

## 守护独居老人，让楼门长成为"大家长"

党总支将楼门长的职务交给了我，我便对楼里的独居老同志们记在了心上。对行动困难、身体不好的老人，主动陪同他们一起去就医；对生病的老街坊，主动上门探望。这些点滴小事，老人们都温暖在心，他们总说，中海城的党员就是好，中海城社区就是温暖的家！

十九大胜利闭幕了，这是在新的历史起点上开启党和国家事业新征程的一次大会，描绘了决胜全面建成小康社会、夺取新时代中国特色社会主义伟大胜利的宏伟蓝图。新时期我国主要矛盾变成了"人民日益增长的美好生活需要和不平衡不充分的发展之间的矛盾"。要解决这个矛盾靠谁，要靠全党的努力、靠全体人民的奋斗。每一名党员都要抛弃"等、靠、要"的思想，都要像习总书记说的"撸

起袖子加油干 ”，脚踏实地去解决不平衡、不充分的问题。当前，我们要在小红门乡党委和社区党总支的领导下，认真学习十九大精神，时刻不忘初心、牢记使命。

## ▲ 用行动践行初心，用毕生书写使命

初心，就是永远不能忘记入党时的誓词，不能忘记当年自己填写入党志愿书时立下的决心。习总书记曾说过"走得再远都不能忘记来时的路"，每一名党员在当年支部批准自己入党时，心情是多么激动，甚至饱含热泪、终生难忘，这就是初心！

现在的我们，虽退出了工作岗位，却依旧能够发挥余热继续为党工作，要焕发当年的激情活力，老当益壮，去奋斗，再做一颗螺丝钉，把自己紧紧地拧在落实十九大新征程的工作中！

同志们，让我们更加紧密地团结在以习近平同志为核心的党中央周围，振奋精神，鼓足干劲，在自己平凡的岗位上，创造出更加辉煌的业绩，为党旗增辉，为自己的人生续写新的篇章！

　　社区不但承载了一个又一个家庭，更是一个需要我们人人用心去维护的大家庭。在社区中除了社工，这些楼门长、志愿者，用自己的双手与汗水，维护了社区的和谐，成就了万家灯火的平安。其实，这些奉献在社区的叔叔阿姨们，同样有着照顾家庭、看病抓药的负担与苦累，但是他们舍小家、为大家。"两会"期间站岗执勤，疫情期间扫码测温，他们用自己的热情，点亮了社区的岗亭，筑起了守护百姓安全的屏障。近些年，越来越多的退休老人加入到志愿者的行列中，从 2017 年至今，辖区的各类治安性事件也逐年递减。正是这些力量的存在，使得我们国家的基层治理体系越来越稳固、越来越完善，社区也真正承载了无数家庭的幸福与团圆。

**宣讲人**　李　蒙 ┃ 龙爪树村工作人员

# 知识青年下乡来，党的阳光照胸怀

　　乡贤情系报桑梓，反哺家乡助振兴。近年来，大学生毕业返乡就业的现象逐年增加。家乡培养了我们，学成之后，我们也要反哺家乡，为家乡的建设添砖加瓦，相信这也是无数返乡青年内心的声音。大学生返乡，为全村甚至全乡的建设，带来了新的灵感与活力。为了让青年生力军撸起袖子加油干，家乡政府也全力支持，提供了能够助力他们发展的平台。古人云，投我以木李，报之以琼玖。是党的政策指引了他们前进，是党的号召，让乡村的振兴成了时代发展的最佳印证。

　　"知识青年下乡来，党的阳光照胸怀"，相信大家对这句歌词都不陌生，在 20 世纪五六十年代，伴着这首《知识青年下乡来》，一大批知识青年响应党的号召，来到广阔农村，朝气蓬勃，开始了青春奋斗之路。在半个世纪后的今天，我也算踏着先人的足迹，怀揣对家乡的眷恋，回到龙爪树村，成了一名大学生村官。有人说，寒窗苦读这么多年，好不容易毕业了，不去外面闯荡一番岂不是太亏了，不瞒大家，其实我也曾暗暗纠结过。

## 放弃"铁饭碗"，为了家乡他说"这没什么"

2007年毕业季，当同龄人都在焦虑地四处面试时，我却在学校推荐的定向岗位中难以抉择，焦化厂、东方化工厂这样的大单位很多人求之不得，但我却偏偏为"大学生村官"这样一个被很多人认

为是"苦、累、贫"代名词的职位而犹豫良久。理科专业的毕业生，去企业肯定是最对口的，而村干部这个文职类工作，不仅需要撰写大量的文稿，更要有很好的沟通能力及处理邻里大小事情的协调能力。真正促使我做出决定的，是对家乡无法割舍的眷恋之情，学成归来回报家乡人民，对于家乡土地的信念，让我热血满满，就这样，我光荣地成了一名大学生村官。

刚刚步入工作，几乎是从零开始，我边学边干，尽力发挥专业特长，帮助各个部门修理电脑、修复软件，与此同时哪里有工作就

跟着边看边学，不断对每一项工作进行小结，久而久之，不仅工作经验多了，村里的样样工作也都经手了一遍，学习也就水到渠成。

此时的自己开始静下心来思考："像现在这样坐在办公室里写写画画，为家乡为群众究竟做了什么实在的事儿？"有了疑问，证明自己在进步的路上开始迈进，于是我大量参加工作培训，通过学习提升自己的能力。我总结发现，地区各项工作的开展，都是要以宣传工作为先锋打头阵，只有为群众宣传透彻，工作才能落实。带着这样的想法，我在宣传工作方面加强了策划，组织开展多种实效宣传活动，得到了领导的认可。

2009年，我光荣地加入了中国共产党，党员这个神圣的称谓让我顿时增添了责任感，对自己的工作要求更高、干劲也更足了，在宣传、写作、拆迁拆违、普查等主要工作中，都留下了自己的身影。

眼看三年村干部工作即将结束，对于我们这些大学生村官的去向，政府给予优惠政策，召开了专项招聘会，银行、中大型国企等，都是极佳的去向。当时在会场中的我，看着大家到处奔走，脑袋里一片混乱，这时我想起了前一天村里领导对我说的话，他说："孩子你去吧，我们不能耽误你找到更好的工作，村里的保障肯定比不上大企业，但不管以后遇到什么困难，村里永远都是你的家，我们永远欢迎

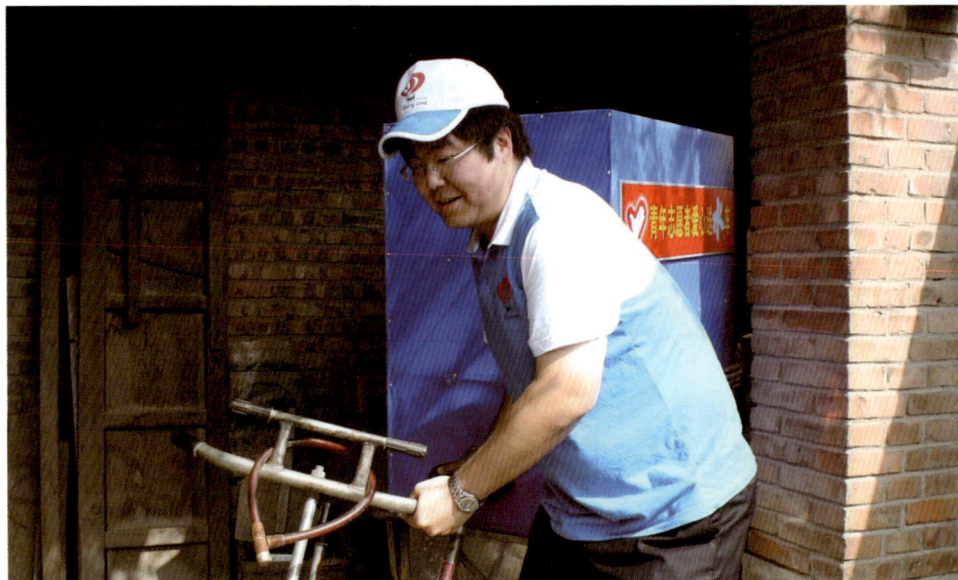

你！"想到这儿，我做出了一个艰难却无比坚定的选择：简历一份没投，继续留在这片土地上！对我来说，村里的工作不是"有备无患"，而是首选，尽管我可以到更广阔的天地大有作为，但现在我的家乡需要我，我能尽自己的力量为家乡做点事儿，那为什么不呢！

## 蛰伏十年为家乡，奉献一切葆初心

转眼间，我在村里工作已经 10 年，经历了拆迁腾退、上楼转居

等工作，也亲眼见证我们的家、我们的村一天天变好。这一提到家，房子就是最值得说道的事了，随着小红门城市化发展，村民拆迁上楼，生活有了翻天覆地的变化。卫生间干净了，冬天也不用生煤炉了，甚至有些家庭还有了可以出租的房间，为村民解决了部分生计问题。

　　说到租房，可能有一部分家庭对房屋安排得比较好，有两套甚至更多的房子进行出租，租金就成了家中收入绝对的主力。对于中老年人来说，当然是好事，可以出去旅游，把晚年生活安排得丰富一些，这也是子女希望看到的。但对于一些年轻人，租金有了，就吃起了老本，没事还约上几人志同道合的人斗一斗地主，再一起撸个串，喝点小酒，日子一天天过得不亦乐乎，他们把上学时老师的教导忘得一干二净，对未来的生活没有了憧憬。别的不说，上学的孩子看到父母可以过着不劳而获的生活，学习还有什么动力，还有什么目标。要是对生活都没有更加美好的向往了，那人还奋斗什么？

前进！沿着光辉的足迹——龙爪树村党总支"七一"主题教育活动

十九大召开后，中国特色社会主义进入新时代，我国社会主要矛盾已经转化为人民日益增长的美好生活需要和不平衡不充分发展之间的矛盾。作为中国特色社会主义新时代的人民，我们亲眼见证了自己故乡的生活、环境不断改变，这是国家发展、国力提升的直接结果，也是我们未来需要继续努力不断奋斗的方向。而作为一名基层工作者，我们当下要明确的是，人民美好生活的需要日益广泛，已经不仅对物质文化生活提出了更高要求，更在民主、法治、公平、正义、安全、环境等方面的要求日益增长，这就对基层工作者提出了更细致、更全面的要求，我们的点滴努力都将反映在百姓的家长里短和生活琐碎中，唯有默默无闻辛勤工作，为乡里百姓提供更好的生活保障而付出努力，才是真正没有忘却"知识青年下乡来"的初心，也才真正践行了"为民服务亦在路上"的使命。

**宣讲人**　梁俊国 ｜ 小红门乡恋日绿岛社区居民

# 我是党员，要为党旗增辉

　　近几年，老龄化成了我们国家社会发展的一个趋势。如何让老人之间互帮互助，如何将老人的困难解决在萌芽阶段，成为困扰很多人的问题。但是，在恋日绿岛社区却有这么几名居民，他们用自己毕生的所学回馈社区，用自己的热情温暖邻里。维修电脑、焊接芯片、编辑软件，这些专业度很高的工作，在他们看来都是举手之劳。梁俊国就是他们之中的一员。从他人生渡过的第一场劫难开始，"我要跟党走"的信念，就一直深埋在他的心间。褪去岁月的沧桑，那颗永远跟党走的心，却愈发闪亮。回到社区，他用过去工作中的积累，将困扰老人的问题解决，让一个又一个的高科技产品，成为提升老人生活质量的法宝。

　　我是一名"50后"，虽然年纪大，但我的心却不老。2017年10月18日党的十九大胜利召开，这个日子我永远也忘不掉，因为在17日早上，我的小孙子顺产降生，真是喜迎十九大，双喜临门！大家还给小孙子起了一个贴切乳名叫"九儿"。

## 学习十九大精神，让自己的党性得到又一次提升

党的十九大，描绘了立足新时代，展望新目标，肩负新使命，开启新征途的宏伟蓝图。习总书记告诉我们："经过长期努力，中国特色社会主义进入了新时代，这是我国发展新的历史方位。"新时代要有新气象，更要有新作为。我们的幸福生活，都是党和国家为我们带来的，想到这里，我要说："没有共产党就没有我的今天！"

我三岁那年，不小心掉进汤锅里，臀部大面积三度烫伤，生命奄奄一息。经过数天的奋力抢救，医生护士终于把我从死神手中夺了回来，我哭了，大人们却笑了，笑得那么灿烂。我庆幸生在新中国，是党和祖国给了我第二次生命！

## 弃笔从戎，是保家卫国的信念给了我奋发的力量

1970年12月26日，毛主席生日那天，我成为一名光荣的解放军战士。新兵训练场上，射击、投弹正在紧张有序地进行。一位战友因往身后引弹时用力过猛，冒烟的手榴弹脱手，飞快滚到人群中，大家都呆住了。就在这千钧一发之际，我们的董排长一个箭步冲过来，抓起手榴弹奋力一扔，手榴弹在远处空中爆炸。这是在电影中才能看到的场景，但却活生生地呈现在眼前。事后，有人问起董排为什么敢奋不顾身地冲过来？他只说了句："这是我的责任，因为我是党员。"从那时起，我似乎明白了什么，暗暗下决心，要做一名党员！

## 一场劫难，展现了党员的光辉与伟大

几年后我来到测绘部队，奉命进入西藏无人区进行测绘，消灭地图空白区。记得有一天，天气极好，当天的任务顺利完成，由于时间还早，就想再跑下一个测绘点。天有不测风云，刚刚到达下一测绘点，就刮起了暴风雪，我们用枪声联络营地，子弹飞向天空，但听不到任何回音。再也无力前行，有经验的老兵说不能走了，我们赶紧堆雪墙，在雪墙上方再檐一个顶子，搭个简单的雪窝子，准备依偎在里面互相取暖，等待暴风雪停下来。"我是党员，你们往里去，我守洞口。"老兵说。多么轻巧的一句话，但这却意味着生与死的选择！

雪窝子里没有声音，谁也不说话，只有香烟的亮光在交替微闪着，谁也不知道暴风雪何时停下来，谁也不知道我们还能否活下来。一张纸被撕成纸条，每人都留下最想说的话，然后集中放进装仪器的铁箱中。许久之后，雪窝子里没有了烟头的闪烁，体温好像渐渐地离我们而去，而剩下的只有暴风雪肆虐的吼叫。

不知过了多久，营地的战友发现了我们的雪窝子，我们得救了！帐篷里没有喜悦，只有此起彼伏的哭声，久久不息。也许，这就是劫后余生的一种表达……那种情感已无法用文字描述。

后来我们得知因冻伤严重，那个躺在风口的战友失去了三个脚趾。当时那句轻轻的"我是党员"的声音，让我终生难忘。通过这件事，让我感觉我们的党员，我们的党，是那么神圣，那么伟大。

由于好奇，我们都想知道每个人纸条上都写了什么？纸条的内容都不一样，但有一句话却出奇的一致，那就是"请批准我入党"！

1974 年 7 月，我被送到北京大学数力系学习计算机程序设计，随后同战友共同完成了天文计算、卫星轨道计算程序的设计工作。后来，我和我的战友，又先后用了三年时间，同科学院计算所一道，完成了我国天文大地网整体平差任务，获得国家科技进步二等奖、解放军科技进步一等奖和中国科学院科技进步一等奖。期间，在 1978 年 8 月我追随着"我是党员"的声音，光荣地加入中国共产党。

## 退休不褪色，永葆为民服务的党员本色

2012 年，我在社保所办理了退休手续，虽然离开了工作岗位，但作为一名党员，我的初心、我的使命、我的热情并没有改变，我还想为身边人做点什么。我的专业是计算机，那几年用电脑多，大多数人只会操作，遇见毛病，往往束手无策。为了方便大家，我免费为大家上门维修电脑，碰见一些零件坏了，我就自己掏腰包帮他买了，几年下来，我修好的电脑至少也要有几百台。

　　近几年智能手机走进了千家万户，但是老人们使用起来很困难。我又结合我自己的专业，开始在社区讲解手机使用技巧课程，让老年人了解手机应用程序，比如聊天、摄影、购物等，手把手地教，使大家学会使用，能在微信群中快乐畅游。

　　在我帮助过的这些居民里，有一个人情况特殊，他叫任昌明，是个80多岁的老党员。他年轻的时候上过大学，搞过科研，所以特别爱看报纸杂志，但是他的视力极差，平时只能用放大镜一个字一个字地读，一天也看不了几页。为了解决他的问题，我专门买了一台带芯片的袖珍收音机，把电子版杂志，用计算机专用软件转成语音版，然后拷贝到芯片中，这样杂志就能"听"到了。我还记得任大哥第一次"听杂志"的时候，高兴地连连说："谢谢你！谢谢你！"

　　有人曾问我，你总是义务给人帮忙，不但搭功夫还搭钱，你图个啥啊？亏不亏啊？其实我觉得作为一名党员，就是要学会奉献，当年如果不是那个躺在风口的共产党员，可能我们都会被冻死。跟

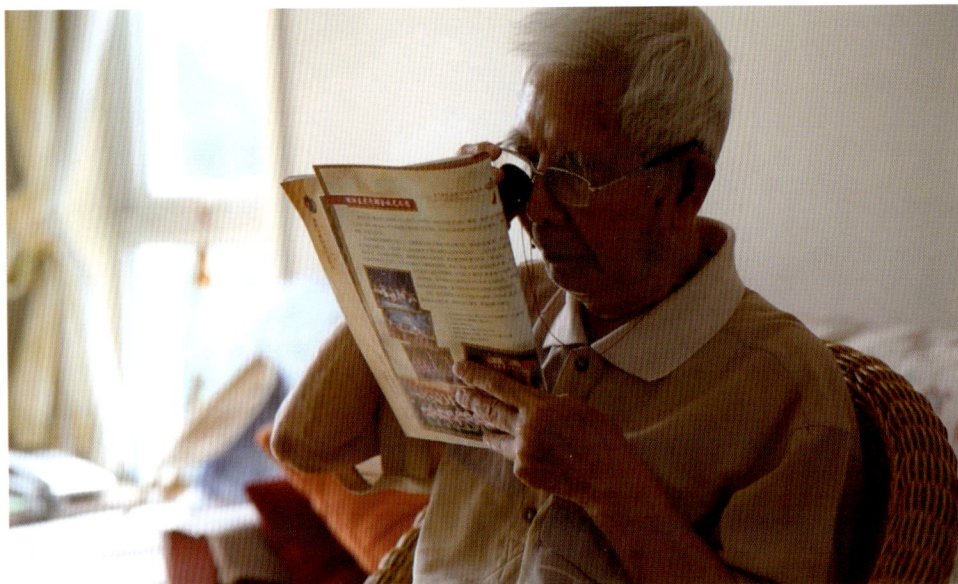

他一比，我今天为大家修修电脑，买些零件，又算得了什么。

退休了，还能为大家做点什么，归根结底是乡党委领导下的社区支部给我们搭建了这样一个平台，让我们发挥自己的特长，为大家服务。我愿意帮助需要帮助的人，大家高兴，我也快乐！因为我是党员，我要为党旗增辉！

**延伸阅读**

　　建立天文大地网可谓是功在当代，利在千秋。所谓天文大地网，就是由一系列通过三角测量、导线测量和天文测量等方法获得水平位置的大地点构成的网。其实，中国大地测量的历史悠久。唐代开元十一年（公元723年），南宫说等人在天文学家张遂（一行）指导下的，于公元721—724年首次在河南境内实测了一条长300公里的子午弧，开创了人类通过实际测量认识地球形状和大小的道路。新中国成立后，我国开始筹划重新建立天文大地网，并于1954年全面展开，到1975年历时25年完成野外布测，1982年又完成全网整体平差。全国天文大地网的建立，是中国大地测量史上最为宏伟的工程之一，在中国测绘史上具有里程碑意义，在新中国经济建设、国防建设和科学研究中发挥了巨大作用。

　　在建立天文大地网的过程中，无数士兵、测绘人员驻扎在白雪皑皑的青藏高原，有些人甚至付出了生命的代价。虽然条件艰苦，但是他们没有一个人叫苦，没有一个人退缩，并最终完成了党和人民赋予的使命。随着时间的推移，那些当年不怕牺牲的年轻人，也蜕变成了花甲之年的老人。但是，他们为民服务、甘于奉献的党员本色却从未改变。在社区中，他们始终发光发热，用自己的付出，践行了党员的责任与担当。

**宣讲人** 李宽宽 ┃ 小红门乡党建办科员

# 桥梁展示风采，凝聚产生力量

做好党建工作是我们党永葆先进的必要保证。基层党组织是党建工作的基本组成部分，在严格落实各项制度政策、密切联系群众、保障社会稳定等各个方面都起着至关重要的作用。在小红门乡，党建办可谓是一个繁忙的科室。党的基层组织建设、党员的学习培养、深入基层走访收集民意，这些工作都要依靠党建办的工作人员去开展。他们以辛勤的汗水和螺丝钉精神，把地区四万余名百姓紧紧地团结在党的周围，让大家感受到了党的光辉与温暖。

从党史到党建，改变的是专业，不变的是初心

2017年7月份，我来到了小红门乡党建办工作，对于一个从家门到校门，现在又到机关的年轻人来讲，第一份工作的内容是党建，很容易让我有一种"高深莫测"的感觉。虽然在学校学习的是党史专业，但是把那些写在书本上的知识，变成能落地的工作，我还真是有些一头雾水。这时，为了让我能尽快熟悉工作，领导带我、同事帮我，短短一周的时间就让我理清了思路，科里的工作也得到了领导的肯定。这时候，我就隐隐约约感觉到，原来党建工作就是要凝聚地区力量，引领地区发展，最终落脚于服务群众的生活和工作。而地区工委就是引领地区各项事业的发展的核心，架在了上级党委和小红门各党支部之间，而我就是一颗螺丝钉，镶嵌在地区工委这座桥梁上。通过这座桥梁，我们把各类政策、服务源源不断输送到大家身边去。

随着时间的推移和工作的开展，我和村里还有社区接触的机会也多了起来，我渐渐地知道了很多让我感动的人和事。在咱们地区，有一位老党员叫康武生，最早做过灯厂工人，后来村民拆迁上楼了，康师傅就转到物业工作，现在康师傅已经到了花甲之年，但仍然作为一名维修工活跃在我们的社区里。据社区的居民跟我说，不管刮风下雨，无论过年过节，只要家里管道、燃气出了问题，给康师傅打个电话，准保随叫随到。尤其在每年暖气试水的那段时间，是康师傅最忙碌的日子，为了保证每户居民家里正常供暖，康师傅几乎是挨家挨户的走访，看看有没有什么异常。有一次在过年的时候，一户居民家里的暖气突然跑水了，无奈之下这户居民抱着试一试的心态拨通了康师傅的电话，没想到康师傅二话没说，带着工具箱就来到了这户居民家中，三下五除二就给这家人修好了破损的暖气管道。但此时，对方家中已经是一片狼藉，康师傅便主动留下来，帮

助人家把家里收拾好，才悄悄离去。有时候碰到家里特别困难的群众，康师傅不但出工出力，自己还垫钱帮助别人买零件。这么多年下来，康师傅已经不知道帮助过多少人，而个人的得失，他从来没有计较过。这就是一位共产党员为民服务的实际行动。

其实，像康师傅这样的好心人，在咱们小红门乡还有很多很多。比如，咱们地区的另一位老党员，也是一位大师叫魏忠诚，为什么叫大师呢？因为魏老师早年间喜欢太极拳，后来凭借自己的努力，考取了北京市社会体育指导人员上岗证，有了这个证书，代表魏老师就可以正式招收徒弟了。20年过去了，魏老师已经招收了近600

名学员，但是他一直坚持义务教学，从来没有收过徒弟一分钱。当别人问起魏老师这样做亏不亏的时候，他总会说："我是一名共产党员，教大家练练拳是应该的，看到大家伙都健健康康的，我就觉得我没白付出。"这就是一位共产党员为民服务的真实心声。

## 加强党建工作，迈出崭新步伐

话说回来，"单丝不成线，独木不成林"。看到这么多党员同志都在积极发挥先锋带头作用，乡党委决定把地区五个社区、四个

村及小红门医院、城外诚等14家单位聚力起来，组成了"红先锋"聚力服务联盟。联盟中不仅仅有党员、群众，还加入了辖区单位。现在我们这座"桥梁"上的螺丝钉比以前更多了，不仅如此，联盟还组织了形式多样的主题服务活动，不断加深彼此的交流。在这样互来互往中，我们也实现了文化共益、民生共益、城市建设共益的初心。

习近平总书记在去年的新春贺词中说，"我最惦记的还是困难

群众"。我们在座的每个人，可能都有困难的地方，所以我们都是总书记挂念的人。我们生活的小红门地区正处于城市建设快速发展时期，据我所知还有一些腾退、拆违的工作要做。虽然任重而道远，但是我相信，在咱们党员、群众之间的桥梁架起来以后，我们的红先锋党员会带着群众、企业一起往前走，面对困难也一定会有更多的、更有效的办法，彻底解决地区发展的难题。

前不久，党的十九大胜利召开，听完总书记的报告后，我的内心更加坚定了一个信念：凝聚产生力量，团结诞生希望。这也让我认识到自己这个小小的螺丝钉的作用，就是服务群众，要让群众有获得感、幸福感，能够更舒心地工作和生活。只有这样，我们的一座座桥梁才能凝聚人心、凝聚智慧、凝聚力量。

**边栏**

136N红先锋："1"是以地区工委为核心，建立一个地区党建工作协调委员会，吸纳工青妇、企业、医院、学校等社会单位负责人参与其中，发挥领导核心和带动引领作用，指导解决地区层面的重大党建事宜。"3"是构建三级议事协商平台，村、社区、规模企业层面分别建立党建工作协调委员会分会，吸纳企业负责人、知名人士、"两代表一委员"等，协调解决党建问题。"6"是组建6个先锋队，即健康生活指导队、家政义务服务队、军民亲情联谊队、扶老助残服务队、文体艺术活动队、城外诚之家服务队，加强政民互动、党团互动、企民互动、军民互动。"N"是地区培育N个党建品牌，实现党员志愿服务与群众实际需求的有效对接。

　　2017年9月22日，地区在城外诚家居广场召开了"小红门地区聚力服务联盟"的启动仪式。"聚力服务联盟"将整合地区党组织、群团组织、各类企业和社会组织的党建服务、公益互助的平台，实现公益服务和志愿活动的常态化，更好地服务地区百姓。近几年，小红门乡党建办充分利用聚力服务联盟的平台优势，不断开展公益服务和志愿活动，从义务理发，到站岗巡逻、维护治安，党员、志愿者的力量被凝聚在了一起，红先锋的先进精神也得到了更好的体现。正如文中所说，党建工作最终落脚于服务群众的生活和工作，而地区工委就是引领地区各项事业的发展的核心，架在了上级党委和小红门各党支部之间，而在这座桥梁上，一颗颗螺丝钉便发挥了重要的作用，他们不但让这座桥梁更加稳固，还保证了一项项惠民的工程和党的好政策可以源源不断输送到广大百姓身边。

第三章

# 奋发·追梦

宣讲人 邱惠玲 | 小红门乡鸿博家园第一社区居民

# 我们的生活充满阳光

1978 年，中国共产党召开了具有重大历史意义的十一届三中全会，重新确立了解放思想、实事求是的思想路线，实现了具有历史意义的伟大转折，开启了改革开放历史新时期，引领中国走向世界舞台的中央。2018 年是改革开放 40 周年，回想过去，四十载风雨兼程，四十载砥砺奋进，路途虽艰辛，硕果亦是累累，改革开放极大地调动了亿万人民的积极性，使社会主义在中国真正活跃和兴旺起来，社会主义制度在改革创新中不断完善和发展。人民群众从吃不饱穿不暖，到实现了家家户户有余粮的小康生活。艰难困苦，玉汝于成，今天，一个面向现代化、面向世界、面向未来的社会主义中国巍然屹立在世界东方。中华民族迎来了从站起来、富起来到强起来的伟大飞跃。中国共产党领导了人民绘就了一幅波澜壮阔、气势恢宏的历史画卷。

我是一名"50 后"，在小红门这片土地上已经生活了 60 年。对于这片土地的变化，我可以说是看在眼里，记在心里。

　　我家祖祖辈辈都生活在小红门，我的父亲是龙爪树村的一名普通农民，十几岁就给人家扛活，能吃顿饱饭，能有个不漏风、能避雨的地方睡觉就是我父亲的心愿。1956年，我出生了，出生后没几年就赶上了三年大饥荒，我清楚记得挨饿是什么滋味，那时候我的愿望比父亲还简单，有口干粮就心满意足了。1968年，我在龙爪树第六生产队劳动，进入生产队十年后，我突然在广播里听到了一个词叫"改革开放"，当时我不知道这个词是什么意思，更不知道这四个字能够改变我们国家的命运。

### 回首过去，一张粮票见证了那段艰辛历程

　　今年是改革开放的40周年，四十载光阴一晃而过，昨日种种仿佛仍在眼前。如果让我说说有什么感触，我总结了以下几点：粮票

不用了，拆迁上楼了，生活水平切实提高了。

　　首先说说粮票，那个年代，粮票就是老百姓的命根子，要是不小心弄丢了粮票，一个月就没饭吃了。有一次，我去小红门粮站取粮食，碰见一个十五六岁的小伙子，手里拿着面袋呆呆地站在店里，神色十分焦急。我一问才知道，他妈妈病了，派他来买面，回去等着做饭，结果他把面票弄丢了，不敢回家。我从自己的粮食里分了一些给这个孩子，并陪着这个孩子回家，对他妈妈说："孩子把面票弄丢了，知道错了，不敢回家，您不要打他。这几斤面票算是借的，您补个借条就行了，下月发粮票时您再还我，省着点吃吧！"这位母亲拖着病体把我送出门外，脸上露出一丝苦笑。1993年5月10日北京粮票停止使用，人们再也不用紧巴巴地指望着粮票过日子了。

那一天全市人民无不欢欣鼓舞，笑逐颜开，计划经济的时代终于过去了，取而代之的是市场经济，如今我们想吃什么，要买什么再也不用凭票了。高兴之余，我心里还是有些五味杂陈，从那个吃不饱的年代走过来，回想起来也是一路辛酸。现在国家富强了，我们一家人的愿望都可以实现了，而且实现得那么快。

## 感叹今日，楼房与汽车变得触手可及

记得年轻的时候，家里住的是两间土房，一到冬天就得买无烟煤，每天还要笼火，年轻时的我多么希望能搬进楼房。改革开放以后，

小红门乡加快了农村城市化建设，听到我们家要拆迁的消息，我喜极而泣。

拆迁上楼后，我真正感受到了住在楼房的便利，小区里绿树成荫，门口就有停车位。说到汽车，更是以前不敢想的。1984年邻居家买了

一台二手手扶拖拉机，我坐在车厢里，心里美滋滋的感觉不亚于现在坐高级轿车。那时我就心想，什么时候能买辆车我就知足了。改革开放以后，汽车逐渐走入千家万户，曾经买辆私家车的愿望也成了现实。

## 发挥余热，用实际行动回报国家

回首往昔，我觉得我是一个幸运儿，小的时候缺衣少粮我扛了过来，长大之后的愿望也都逐一实现了。现在我退休了，希望用自己微薄的力量去回馈国家，给身边人带来帮助。只要社区有活动我就积极参加，站岗巡逻之类的事务都少不了我的身影。

去年党的十九大期间，我先生问我："你今天又去站岗，这站岗又不是你不去就不转了？"听到他的问题，我没有着急反驳他，这时电视里传来了习近平总书记的讲话："大道之行，天下为公……我们走中国特色社会主义道路，具有无比广阔的时代舞台……"我思考了片刻，对他说："我是给党的十九大，给改革开放，更是给我们的国家站岗。"

　　回首改革开放的40年，是我们这一辈人奋斗的40年，更是国家飞速发展的40年。曾经，祖辈的梦对他们而言是遥不可及的空想，而对吾辈却是触手可及的现实。

　　今天，我们不但要学习如何奋斗，更要学会珍惜。日子过好了，不能挥霍无度。父亲经常教育我们珍惜当下。我们国家被列强欺辱了一百多年，今天终于迎来了一个盛世，一路走过来，我们国家不容易，百姓更不容易。如今小红门乡的建设一天比一天好，国家一天比一天富强，所以我们更要珍惜眼前的美好，发扬中华民族的优良传统，传递正能量，为实现伟大的"中国梦"贡献一份力量。

## 延伸阅读

　　40年来，中国始终坚持以经济建设为中心，不断解放和发展社会生产力。我国国内生产总值由3679亿元增长到2017年的82.7万亿元，年均实际增长9.5%，远高于同期世界经济2.9%左右的年均增速。我国国内生产总值占世界生产总值的比重由改革开放之初的1.8%上升到15.2%，多年来对世界经济增长贡献率超过30%。我国货物进出口总额从206亿美元增长到超过4万亿美元，累计使用外商直接投资超过2万亿美元，对外投资总额达到1.9万亿美元。我国主要农产品产量跃居世界前列，建立了全世界最完整的现代工业体系，科技创新和重大工程捷报频传。我国基础设施建设成就显著，信息畅通，公路成网，铁路密布，高坝矗立，西气东输，南水北调，高铁飞驰，巨轮远航，飞机翱翔，天堑变通途。现在，我国是世界第二大经济体、制造业第一大国、货物贸易第一大国、商品消费第二大国、外资流入第二大国，我国外汇储备连续多年位居世界第一，中国人民在富起来、强起来的征程上迈出了决定性的步伐！

宣讲人　孙天添 ｜ 小红门乡综合治理办公室科员

# 乘改革开放之风飞翔

　　党的十八大提出，要坚持走中国特色新型工业化、信息化、城镇化、农业现代化道路，并指出城乡发展一体化是解决"三农"问题的根本途径。小红门乡积极响应市、区号召，加快推进城市化建设，持续开展疏解整治促提升专项行动，不断提升地区宜居品质，将老旧街巷打造成为环境优美、幸福宜居、富有活力的现代化城区，为推动首都高质量发展贡献力量。平整的人行横道、整洁的绿化景观、文明健康的公益宣传牌，32 条背街小巷焕发新颜……如今的小红门乡，一栋栋高楼大厦如雨后春笋般拔地而起，一条条崭新的柏油马路在阳光下熠熠发亮。走在街道上，映入眼帘的是车水马龙的繁华景象。然而，在城区繁荣发展的背后，有这样一群人不舍昼夜地辛勤付出着……

# 日新月异，城市容貌焕发新颜

　　我来到小红门乡综治办已有五年。这五年里，我看到乡内最大的变化就是城市化建设的大力推进，一个个村子消失了，换来的是一栋栋高楼大厦，繁华景象。

　　记得我刚来乡里的时候，一到冬天家家户户都要烧煤，遇到大风天，如果煤棚密封不好，煤渣子就会被刮到街道上，影响乡域内的卫生环境。随着这几年城市化步伐的加快，大部分居民搬迁上楼，不但环境优美了，而且再也不用担心有煤气中毒的危险。

　　还有一个显著的变化就是乡里的路比过去宽敞了。以前乡里的小路特别容易堵塞，很多路面坑洼不平，一到下雨天就有居民向我们反映门口的路不太好走，牌坊村的李大爷就是其中一位。老爷子岁数大，腿脚不利索，一到下雨天出行就成了问题。李大爷家门口的这条路，就是连接牌坊村和南四环辅路的五号路。今年，政府下大力气修缮五号路，不但路面比以前宽敞了，边上的围墙也设计成统一的样式，照明系统也随之升级，点亮居民百姓回家的路。前两天我路过五号路，看到路面上有一些被风刮掉的树叶，在硬化的道路上格外显眼。出乎意料的是，还没走几步，我就看见几位村民自

发地拿着扫帚清扫干净了。大家已经把这条路当成了自己的家门口，看到脏了就自觉维护起来。一想到这些，我就觉得特别自豪。

其实乡里变化远不止这些，百姓拆迁上楼后，瓦片经济成为很多居民的收入保障，一些待拆迁地区的百姓也看中了这个机会，纷纷在自家盖起小二楼。其实这些村民只看中了收益，却忽略了其中的危害。这些加盖的二层楼，大部分都是彩钢板建筑，而彩钢板里含有大量的聚苯乙烯，这种材质的建筑一旦起火，会散发大量有毒气体，后果不堪设想。

## 调整心态，不忘初心勇往直前

今年，小红门乡大力开展疏解整治促提升工作，我们通过法定程序，入户去找房主签订责任书，因为村里住户比较多，我们就挨家挨户进行走访。

可以说我们用脚丈量了村里的每一寸土地。有时候一天下来，连口水都来不及喝，不过有些居民对我们的工作却不是很理解。那天收队回到办公室，我心里五味杂陈，但科室里老师傅的一番话让我心中的结逐渐解开了。

老师傅说："综治工作的特点就是这样，很多情况下是不会被理解的，但这是正常现象，因为这个世界上，没有谁就应该理解你，应该支持你工作，我们自己不能灰心丧气。你要记住，永远要把百姓的生命财产安全放到第一位，接下来调整工作方法，明天接茬去！"

为了让村民知晓其中的危害，我们拿着一些彩钢板房着火的图片进行宣传，村民们最终也看到了违建带来的危险，愿意配合我们开展整治活动。有些村民看到我们工作辛苦，便招呼我们去他家里喝口热水。在寒冬腊月，能听到这样的关怀，别提心里多暖和了。

　　记得市领导来我乡视察的时候说，待拆迁地区的环境、安全也不能松懈，对此我特别有感受。正是有了市区领导的关心关怀，有小红门乡党委的坚强领导以及地区百姓的理解支持，才使得我们乡有了日新月异的变化。

　　今年我们乡还成功疏解了10处市场、8处废品回收站、13处出租大院、3处出租公寓。俗话说，不破不立。疏解这些传统产业，提升的是地区环境和生活品质。未来，我们乡将着力发展高精尖产业，届时我们小红门乡的科学发展水平一定会更上一层楼！

## 热爱不息，耐心细致服务人民

　　现在我越来越热爱自己的工作，也觉得这份工作特别有意思。有人可能要问，这就是一份工作，怎么还能有意思呢？下面我就给大家讲两个小故事吧！

　　记得我刚来综治办的时候，因为对业务不熟练，几乎天天要加班。因为回家的路比较远，下了车又要走一条特黑的小巷子才能到家，所以加班回家的安全问题是我最担心的。不过后来我发现这些担心的事情都是多余的，我每次离开办公室的时候，总能看到乡里其他科室的同事还在加班，于是我就总有机会蹭同事的车回家。通过这个小事使我明白，乡里的变化并不是一个人或者一个科室的努力就能换来，正是因为有这些辛勤加班的同事，才使得我们的工作越来越顺利，越来越有成绩。

　　另外一个小故事就是要说说我们科室的同事，有一次我和同事出去玩，看到公园里有一个小亭子特别好看，我就说："哥，你看那个亭子，建得还挺好看。"没想到同事回了我一句："嗯？这个亭子啊？我看上面没有防火喷涂！应该不合格吧！而且建在这个地方应该是个违建吧！"同事专业严谨的态度使我感到钦佩不已，这也从侧面也反映出，群众的安全问题是我们最关心，也是要时刻牢记在心的。

今年是改革开放40周年，也是党的十九大精神的践行之年。成长在这个伟大的时代中，我不断感受到我们国家、我们地区日新月异的变化。不论从疏解整治的手段，还是从32条背街小巷的治理，

都始终紧扣百姓诉求。未来，牌坊中心路将在非机动车道旁，建成一条2米宽，1000多米长的慢跑道。届时，附近居民就能享受到自家楼下就是运动场的便利。还有小红门东路西段、卫生院路、小学校路，这些路都是我们附近居民经常行走的道路，也都在规划范围

之内，再过几个月就将以全新的面貌出现在大家面前。除此之外，为了让乡域内的环境更整洁，我们还将很多老旧的井盖统一换新，未来路灯的造型也将更加新颖。毫不夸张地说，小红门乡的整体环境在不久的将来会发生翻天覆地的变化。

回首往昔，虽然我来到小红门只有五年的时间，但是我的确看到了不断新建的道路、越来越整洁的背街小巷、拔地而起的居民楼和商业楼，更看到了乡里的每一位同事辛勤工作和他们服务百姓的初心！下一个五年，我们将继续努力，和大家一起，将小红门乡建设得更加美好！

---

边栏

# 清理背街小巷，让"房前屋后"焕发新魅力

"以前道路特别狭窄，停车也十分费劲，修完之后不仅道路宽阔了，绿化也得到了提升，我们心里看着就舒服。"居民张阿姨笑着说。

## 焕然一新，背街小巷华丽转身

背街小巷，最能体现一座城市的精细化管理水平。小红门乡持续开展背街小巷环境整治提升和深化文明创建工作，多条背街小巷环境面貌得到整体改善，居民的幸福感和获得感大幅提升。

2018年，小红门乡整治背街小巷32条，重点内容包括新建牌坊中心路等主要道路，提升部分路段绿化水平，修复各

类市政设施，统一广告与牌匾标识，规范机动车、非机动车停放等。

各村内曾经存在的私搭乱建等问题，前期通过乡综治办联合各村委会与百姓进行充分沟通，不仅得到了理解，更得到了认可及支持。私搭乱建等问题得以及时清理，为现在的整体施工打好了基础。

由于施工过程会对周边百姓出行造成一定影响，加快整治工程速度、保证整治工程质量显得尤为重要。整体工程由乡综治办牵头，各村村委会配合，每条道路均安排有专人负责，保证施工单位按时完成整治工作。

## 惊艳来袭，又一条"优美大街"落成

为提升郭家庄路的通行状况和景观效果，小红门乡综治办以传统文化为特色，根据"优美大街"的建设标准和小红门乡的文化特色，从道路及附属设施、围墙界面、绿化景观等方面开展了环境整治提升工作。

走在郭家庄路上，映入眼帘的是平坦宽阔的大道和粉刷一新的防护栏，古色古香的文化墙从东向西一直延伸，满眼美景的口袋公园供行人观赏休闲，居民们在崭新的坐凳上休息放松，墙上悬挂的公益广告时刻提醒我们要弘扬美德，风格统一的商铺牌匾、外立面、配电室或排风口的防护罩等，让人倍感舒适。

**延伸阅读**

　　伴随着城市化进程的不断加快，一系列问题也随之而来，设施老旧、交通堵塞等问题为居民们的生活带来诸多不便，这就要求在城市发展过程中要不断提升综合治理整体实力。小红门乡严格按照市、区要求，以服务人民群众为工作出发点，通过疏解整治，实现空间腾退、留白增绿、改善环境、消除隐患、补齐短板、提升功能，打造和谐幸福的人文之乡，不断增强群众的获得感、满足感。

宣讲人 │ 杨 波 │ 小红门乡肖村村委会工作人员

# 坚定信念守土有责，做好家乡的守卫员

乡村治，百姓安，国家稳。实施乡村振兴战略，是党的十九大作出的重大决策部署，是决胜全面建成小康社会、全面建设社会主义现代化国家的重大历史任务。进入新时代，我国乡村振兴的伟大实践既对乡村治理提出新要求、新挑战，也为乡村有效治理、实施善治开辟了广阔社会空间。加强和改进乡村治理，需要树立"服务就是治理"的理念，践行以人民为中心的发展思想，实现人民群众对美好生活的向往。近年来，小红门乡各村居治安得到明显改善，基层治理科技化、精细化水平不断提升。在肖村，被污染的河水重新变得清澈，24 小时人工职守巡逻维护村内治安，道路宽敞整洁，违规建筑尽数拆除，志愿服务队成员自发将共享单车码放整齐，肖村在大家的共同努力下变得越来越优美宜居。

作为肖村综治办的一名基层干部，治安管理一直是我工作中的一个难点。别看村子不大，但是阡陌交通，路网由很多小路组成。我小时候村子里路不拾遗，夜不闭户，但是近十来年治安情况一致不容乐观。记得我刚到村里工作那年，发生了一件盗窃案件，那个

时候很多胡同还没有路灯，黑灯瞎火的，小偷随便一藏，或者换身衣服，根本就发现不了。从这件事情以后，我就暗下决心，一定要把肖村的治安恢复到以前那种情况，不能再让百姓蒙受损失。

## 探索新型管理方式，推动基层治理科技化

为解决治安问题，我利用休息时间走访了很多治安状况良好的村子，后来我发现这些村子都有一个特点，就是摄像头很多。于是我便把这一情况汇报给领导，并得到了领导的支持。慢慢地村里的摄像头数量也从十几个变成了几十个、几百个。

现在只要村子里有什么风吹草动，我们一调监控便一清二楚。如今我们村有人24小时巡逻值守，居民区周围更是安装了可识别人脸的高清摄像头，有了这些高科技"武器"和群防群治的力量，群众的满意度提高了，立下保卫家乡誓言的我也更有信心了。

## 循循善诱耐心劝导，守护乡村绿水青山

说到满意度，就必须谈谈我们地区的环境。过去村边上的凉水河总是散发着恶臭，一到大风天，大家都要关上窗户，不然臭气就会刮进屋里，这些臭气的制造者就是凉水河周边的化工厂。改革开放初期，国家大力发展经济，化工厂应势而生。为了省事，工厂直接把水排进了河里，致使几十种化学成分在河水里发酵，本该清澈的河水都变了颜色。近几年，政府开展了非首都功能疏解，凉水河周边大大小小的化工厂都关停或迁走了。

现在，我每天晚上都会去河边遛弯，看着清澈的河水，偶尔还能听到青蛙的叫声，这在以前都是不敢想的。如今，百姓生活环境好了，生活条件也比以前好多了，很多居民就琢磨着为自己家开拓点地方，时间一长，村里的违建就出现了。今年我们响应上级指示，对村内的违法建设进行拆除，不过百姓并不是特别理解。

有一件事给我留下了特别深的印象，村里有一位残障人士，他在家门口搭了个铁皮棚子摆放残疾车。一听到要拆除，他就表示"坚决反对"，看到这种情况，我也犯了难。老爷子搭车棚确实有现实需要，不能硬来。我发现老爷子腿脚不利落，老伴每天照顾他也很辛苦，于是每次去他家我都会帮他们老两口扫扫地，走的时候还会把垃圾带上。一来二去，老爷子对我的态度有了很大改观，我们也在他家附近帮助他协调了一个专属停车位，最终老爷子同意拆除自己的车棚。现如今，村域内各主干街道均完成了硬化，路面也比以前宽了，村子里的绿化升级、路灯改良、车辆管理等工作也都已经完成，整个村内的环境建设有了新的提升。

## 增添人文之美，志愿服务传递文明风尚

硬件设施提升了，"软件配套"也要跟得上。几年前，我们地区成立了"红先锋"志愿服务队，志愿服务队的成立，不仅丰富了区域化党建载体，也使得村域内的卫生环境得到很大提高。摆放共享单车、"两会"期间巡逻值守、每周参加大扫除，不管严寒酷暑，只要有工作有任务，就少不了红先锋志愿者的身影。

今年正值改革开放40周年，我们的国家发生了翻天覆地的变化。小红门乡肖村也在建设美丽乡村的宏伟蓝图上前进着。百姓不仅腰包鼓了，精神生活也越来越丰富，很多人也自愿加入志愿者的行列，为村里的发展贡献自己的一份力量。现在的我更加坚定了一个信念：凝聚就是力量，团结诞生希望。作为一名基层工作者，我们要对自己的工作提出更细致、更全面的要求，我们的点滴努力都将反映在百姓的生活中，唯有不断奋进才能更好地保卫家乡，才是对百姓最佳的回报。

### 延伸阅读

中共中央、国务院印发的《关于加强基层治理体系和治理能力现代化建设的意见》指出，要加强基层智慧治理能力建设，就必须以科技支撑为手段参与到基层社会治理中，从而提升基层治理体系与治理能力现代化的建设。杨波只是小红门乡无数辛勤付出的守护员的缩影，他们坚守岗位一线，积极探索乡村管理新方式，时刻以群众诉求为出发点，认真解决居民"急难愁盼"问题，全力守护居民百姓的生命健康和财产安全，不断提升群众获得感、幸福感。

**宣讲人**　柴晓华 ┃ 小红门地区政务服务中心

# 社保全覆盖，全民奔小康

　　天下之务，莫大于恤民。社会保障是保障和改善民生、维护社会公平、增进人民福祉的基本制度，是促进经济社会发展、实现广大人民群众共享改革发展成果的重要制度安排。改革开放40年来，在中国共产党的带领下，人民群众真正实现了"老有所依、病有所护"的幸福生活。党的十八大以来，以习近平同志为核心的党中央把社会保障体系建设摆上更加突出的位置，推动我国社会保障体系建设进入快车道。党和国家在医疗、养老领域持续发力，全面提高公共服务共建能力和共享水平，满足老百姓多样化的民生需求，推出一系列温暖人心的举措，给予老人足够的福利保障，老人再也不需要依靠子女养老。小红门社保所的工作人员作为这一系列政策的见证者和执行者，心中无限感慨。

　　今年是改革开放40周年，40年来我们的国家经历了很多变迁，而中国的社会保障体系也正是时代变迁的产物，并深深地打上了时代特征的烙印。改革开放后，社保所作为窗口单位代表着政府的形象，

加上社保部门接触的大多是下岗失业人员和困难群众等弱势群体，我们的一举一动，更加关系着人民群众的切身利益，绝不能有半点马虎和懈怠。

### ◤ 义无反顾投身社会保障事业，做群众的贴心人

我是 2009 年来到小红门社保所的，其实刚进社保所时，我对社保工作还没有认识得这么透彻，但就在我入职一年后的那个春天，有一件事情彻底改变了我。记得那时乡里有一位姓韩的大姐，她先生在 2004 年就因病去世了，韩大姐因为伤心过度，自己也生了一场大病，虽然抢救了过来，但是因为身体的原因，再也没法工作了，韩大姐什么养老待遇都没有，无法上班，也交不起社保。

后来韩大姐走投无路就找到社保所，说明自己的情况，这件事深深地触动了我。我告诉韩大姐，针对她目前的情况，一年缴纳 797

块钱就可以参保城乡居民养老保险，还可以再参保一个城乡居民医疗保险，这样养老、医疗保险就都有了。但是问题也随之而来，参加保险需要韩大姐曾经工作的单位开一份证明，但是因为大姐患病，单位怕承担责任，所以就以各种理由推脱。看到大姐焦急万分的样子，我心里十分难过，主动提出替她向单位沟通协调。其实当时我心里

也没底，抱着试一试的心态拨通了对方单位领导的电话。在交谈中，我说明了此次致电的需求，也得到了对方的理解，最终顺利解决了这件事。

事后在韩大姐不断的感谢声中，我不止收获了感动，更感受到了自己这份工作中的沉甸甸的责任，这份责任不仅关系群众的利益，更关系着他们的生活质量。

现在乡里的大多数百姓都过上了衣食无忧、老有所养的生活。但据我的父辈讲，在改革开放前可不是这样一番景象。以前生活在农村的老年人没有任何养老待遇，如果儿女不能尽到赡养义务，那

老人的日子就会举步维艰。为了改善百姓的生活条件，小红门乡针对此类情况出台了统一的养老办法，后来国家又出台了城乡居民养老办法和福利养老金待遇，就是咱们俗称的"无保障"。国家政策再加上乡级政策就保证了老年人的基本收入，从国家到乡里，都在保证老年人的收入逐步提高。

到现在我还记得一位姓崔的老太太。老人有三个儿子，崔大妈要求每个月一个孩子给她50块钱生活费。三个孩子中老大、老三生活富裕，每个月都能及时给钱，唯独老二家庭条件较差，经常不能按时给老人生活费，为此家里经常闹矛盾，家庭氛围很不和谐。后来乡里出台了统一的养老办法，这下崔大妈不用再跟儿子们要钱了，家里也不再争吵了。用崔大妈的话说，现在我有养老收入了，这个钱够花了，不用你们再给了。

崔大妈正高兴呢，国家又出台了城乡居民养老办法和福利养老金待遇。这时，崔大妈的消费观又有变化了，平时儿子舍不得给孙子买的电脑、学习机等用品，老人都不跟孩子商量，直接就给孙辈买了。崔大妈说，现在我自己的钱花不完，儿女有需要的话，可以适当地帮助一下。还记得当时乡里发放养老金的时候，老百姓都高兴地说："原来都说养儿防老，现在不用养儿，照样能防老。"福利养老金的发放给老百姓吃下了一颗定心丸。

## 社保功能逐渐完善，人民切实感觉到国家的温暖

改革开放 40 年，越来越多的百姓开始关注社保，重视社保。社保所的业务覆盖面也越来越大，涵盖的人数越来越多，我们需要掌握的知识自然也越来越全面。原来只是简简单单的几项工作，现在增加到 50 多项。尤其是近几年，从小孩出生到老人去世，都跟社保息息相关，生老病死都离不开社保所。社会已经进入了信息化时代，社保卡的全面推广，更是让社保事业得到了空前的发展。

我国第一张社保卡是 1999 年在上海发放的，经过十几年的发展，社保卡从不被重视，发展到人手一卡，从一年也不见得用上一次，到每个月都离不开社保卡，信息化时代成就了社保事业的腾飞，是祖国的日益强大，推动了社保业务的全覆盖，而这一切都离不开我们国家改革开放的好政策。

正如这篇文章的主题一样，"社保全覆盖，全民奔小康"，百姓收入的增加、生活质量的上升等，这些点滴变化，我们都是最直接的见证人，或直接与间接的受益者。希望未来我们的国家、我们的小红门乡能建设得越来越好，百姓收入继续增加，社会保障日渐

丰富。朋友们，梦想的风帆已经起航，奋进的号角已经吹响，我们社保人迎着十九大的春风，顺着"中国梦"的航向，将会更加努力地为百姓服务！

**延伸阅读**

1949 年 9 月 21 日，《中国人民政治协商会议共同纲领》中，首次提出了建立包括劳动关系法、劳动基准法、劳动监察法、劳动保险法的劳动法体系基本框架。1954 年、1982 年通过的《中华人民共和国宪法》及后来的几次修订都将社会保障制度列入其中。1999 年 1 月，国务院颁布实施《失业保险条例》《社会保险费征缴暂行条例》《城市居民最低生活保障条例》三项行政法规；2003 年 4 月，国务院颁布《工伤保险条例》；2006 年 1 月，颁布《农村五保供养工作条例》，这些法规的出台为我国社会保障制度提供了法律规范，也为社会保障专门立法奠定了基础。2011 年 7 月，《中华人民共和国社会保险法》正式实施。《社会保险法》是我国社会保障法制建设的里程碑，结束了单靠行政命令和规范性文件指导社会保障工作的状况，从政策规章、行政立法层次上升到国家立法层次。在《社会保险法》之后，《军人保险法》《慈善法》相继出台，《社会救济法》已进入了意见征求的立法程序，《医疗保障法》立法工作也正在积极推进。在中国共产党的领导下，我国的社会保障制度体系正在实现由政策约束向法律规范转变。

**宣讲人**　**张丽伟** | 小红门社区卫生服务中心全科大夫

# 我们为您构建社区里的健康梦

　　简陋的医疗设施，昏黄的灯光照明，曾几何时，小小的社区医院承载了多数群众看病治病的全部需求。改革开放 40 年以来，我国卫生医疗体系发生了翻天覆地的变化，人民群众从缺医少药到如今只需手机挂号就可以预约社区医生问诊检查，常用药物基本纳入医保报销，再也不用去大医院拥挤排队。小红门卫生服务中心也从狭窄的两层小楼变成如今建筑面积 4400 平方米，按照北京市卫健委标准建设的新型社区卫生服务中心，卫生服务中心现为北京市朝阳区南部医联体、朝阳区肿瘤防治医联体成员，承担着小红门地区 5.8 万人口的预防、保健、医疗、康复、计划生育、健康教育六位一体的医疗卫生工作。辖区居民可在服务中心进行疫苗接种、妇幼保健、血液透析等，甚至可以实现预约家庭医生上门服务，为人民群众的生活带来了极大的方便。

　　我是小红门卫生服务中心的一名全科医生。如今，卫生服务中心每天接诊量都要近千人，但是十几年前，可不是这番景象。在很

多人眼里，社区医院的医生只能治疗发烧感冒，看病要去大医院。虽然对这种说法很抵触，但是我还是反思了很久，为什么我们社区医生会给百姓留下带来这种印象？为什么百姓不信任我们呢？这得从改革开放前说起。

## 从简陋的乡村医务室到专业化的医院蝶变之路

小红门乡20世纪70年代的卫生服务中心是什么样呢？一座简陋的、狭小的两层小楼，每个科室都只有一间诊室。在生产大队时代，老百姓有什么小毛病一般都不舍得去医院。听老一辈讲，那个年代经常有这样的情况发生，比如说患者老是咳嗽，有时候就用偏方自行治疗一下，可能十天半个月都不见好，后来越咳越厉害，到社区医院一看是肺结核，社区医院没有能力为患者治疗，久而久之大家便觉得社区医院水平有限，只能去大医院。

这个被动的局面直到改革开放以及医保政策实施以后才有了转变。2007年小红门医院更名为小红门社区卫生服务中心，将四个村医务室纳入统一管理，更名为社区卫生服务站，医务人员由原来的30多个人逐渐增加到现在的106人，占地面积从之前的1000多平方米扩大到4440平方米。每天的出诊量也翻了好几倍。尤其是在医联体建立之后，社区医院便成了架通百姓与大医院之间的桥梁。

记得去年这个时候，我正在值行政班，突然由120急救车送来一位昏迷不醒的老人，情况十分危急，我立刻通知中心医护人员，全科大夫曹艳丽接诊患者后，初步排查是心梗导致，于是我们即刻

启动心梗应急预案，并开启医联体"绿色通道"。8 点 54 分，救护车到达中心，将病人直接送往垂杨柳医院导管室手术。一个多小时后，我们接到了患者家属的电话，患者家属用略带抽泣的声音对我们说："谢谢大家为我父亲争取了时间，现在已经手术成功了，没有生命危险了！"听到手机传来这样的消息，我的眼圈湿润了，最让我感动不只是她的感谢，而是家属对我们社区医院的信任。在抢救室门口，我们对患者家属说，患者可能是心梗发作，我们现在为他稳定病情，但可能还要转院治疗。没想到家属听完后丝毫没有犹豫，对我们说："你们说怎么转就怎么转，该怎么治疗就怎么治疗，你们是专家！我们完全听你们的！"

当时听到家属的反馈，我的内心为之一振，我突然意识到家属的信任就是对我们的认可！从居民普遍认为社区医生看不好病，到给予我们毫无保留的信任，这个转变来之不易，是几代社区医生共同努力的结果。

## 现代化医疗体系使居民就诊更加舒心

　　如今社区卫生服务中心每天都格外忙碌，曾经最清闲的保健科成了医院里最"火爆"的科室之一。自从进入信息化时代，患者可以直接在手机App或者微信公众号轻松预约，再也不用去排队挂号。

很多来我们科室的叔叔阿姨并不是真正来看病的，他们没事就拿着各种体检的单子来医院遛弯，顺便让医生看一看哪个指标快到达临界点了，需要调理，或者缺什么营养需要补充。从以前的小病不看拖成了大病，到现在很多人都能做到未雨绸缪，把疾病消除在萌芽阶段，能有这种转变归根结底还是老百姓的腰包鼓了、生活富裕了，舍得为自己的健康花钱了。

发展离不开大环境、大政策，现在我们社区卫生服务中心的工作更加贴近百姓生活。从前年开始，中心响应上级号召开展家庭医生签约活动，现在我们建立完善了80%的居民健康档案，八个团队的全科医生护士负责400个慢性病病人。医院利用大数据、实时监控等高科技手段，做到发现病情及时治疗。经过我们的努力，小红门地区的多项健康数据都在全区处于领先地位，比如孕妇及新生儿的死亡率为百分之零！这一数据就远远低于朝阳区其他地区。

# 迈上新台阶，迎来再突破

今年，我们卫生服务中心又迎来了新的突破，在上级单位和乡政府的支持下，中心建立了血透室，这也是朝阳区和我们同级别医院中的第四家血透室。说起血透室，可能很多人还不了解，一些患有肾病的患者，必须要通过血液透析才能维持生命，而很多患者在患病后，抵抗力大大下降，往返大医院去做血透的过程中，对他们来说也存在很大风险。现在血透室的建成，大大方便了周边有需求的百姓。

从七八十年代的看病老三样，听诊器、血压计、体温表。到如今的 B 超、螺旋 CT、血气分析仪，从乡村诊所到全能医院，从老百姓不舍得看病，到主动签约家庭医生。这些翻天覆地的变化，都得益于改革开放后，祖国的日益强大。

古人云：少年易学老难成，一寸光阴不可轻。未来我还要在医术方面不断学习，继续做百姓身边最好的守护者，同时我也准备好了，和我们的团队，和我们的卫生服务中心，一起去迎接更大的挑战。

　　基层医疗改革一直是国家医疗改革的重点，2009年国务院出台《关于深化医药卫生体制改革的意见》，要求建设以社区卫生中心为核心，针对常见病、慢性病的城市保健体系，并开始设立卫生中心与医院的转诊体系，以及上下级医院的转诊体系。2016年的《关于推进分级诊疗试点工作的通知》将多地作为分级诊疗试点，开始推行家庭医生制度。

　　在此背景下，小红门社区卫生服务中心不断发展完善，中心设有内科、外科、中医科、妇科、口腔科、眼科、保健科、综合病房等科室，为百姓提供医疗、中医按摩、针灸、理疗、康复治疗等服务项目。中心秉承"人文、团队、仁爱、和谐、"的院训，始终坚持"一切以病人为中心"的服务宗旨，努力提高医疗质量及服务质量，营造良好的服务氛围，为就诊的患者提供便捷、高效的医疗服务。

第四章　践行・初心

宣讲人 | 郝 丽 | 小红门乡综合治理办公室科员

# 千万乡音一线牵

12345政务服务便民热线直接面向企业和群众，是反映问题建议、推动解决政务服务问题的重要渠道。2020年，国务院发布《国务院办公厅关于进一步优化地方政务服务便民热线的指导意见》，文件中对12345热线的受理范围做出了明确的规定，即受理企业和群众各类非紧急诉求，包括经济调节、市场监管、社会管理、公共服务、生态环境保护等领域的咨询、求助、投诉、举报和意见建议等。

从中央到各地，都在强调12345热线的重要性，作为群众诉求渠道，12345热线具有体现部门执政绩效、反映民生热点和社会矛盾的枢纽地位和桥梁作用。越来越多的人开始积极使用12345热线反映问题，每当居民发现险情和隐患，诸如楼顶漏水、道路失修等问题，总会在第一时间想到12345热线，而小红门乡快速响应处置也让居民们感到安心。

我的工作学名叫"小红门乡非紧急救助服务中心"。平时有市民拨打了12345热线，只要涉及咱们地区的就会自动转到我这里，

我再针对市民提出的问题进行记录，然后转交到相关科室。

## 用心用情，积极解决群众难题

时间回到我刚入职时，其实刚开始接手这份工作，我并没有觉得这是一个多大的挑战，但后来我才意识到压力比我预想的要大多了，平均每天要接通15~20个电话，不论受到指责或是谩骂，都要把电话中的情况详细记录下来。有一天我接到电话，居民反映行人和外卖车辆占用乡内某条道路，造成路面堵塞，说话态度十分恶劣。尽管心里委屈，我还是把这位居民反映的问题如实上报。

当天晚上下班后，我来到堵车道路查看情况。刚骑到这条路上，我就看到了综治办的张哥，在交谈中我才知道，他是接到了我反映的情况，就赶快赶过来了。张哥说："这条路其实去年就修缮了，但是由于下班时间车流量太大，确实容易拥堵。"听完他的话，我刚要说这个问题没法解决的时候，他却特别自信地说："我觉得这

个地儿得这么改，设置交通隔离设施，改善道路两侧乱停车的现象，可以解决一部分拥堵问题！"听了他的话，我心里不免有些惭愧，在我有些逃避情绪的时候，科室的同事已经加班加点赶过来现场调查情况，还想出了积极有效的应对措施。

第二天早上从家出来的时候，我发现这条路已经设置了隔离锥桶，没想到同事的动作这么快，刚上班就到达点位开始进行整改工作。九月份的北京，夏天还没完全过去，空气还是闷热的，同事埋头苦干的身影让我既愧疚又充满了信心。我的工作有这么多人在背后支持着，他们这些实地干活的人都没喊累，我只是接接电话，受点委

屈又能算得了什么呢？　没几天，这条路的整改工作就完成了，完成当天，我又接到那位居民打来的电话。没想到，这次居民对我的态度是180°的大转弯，居民说："那天真是不好意思！我接孩子着急。今天我发现路整改完了，下班回家也不堵了！谢谢你们了！"

听完这位先生的话，我心里也为之一暖。其实您可能有所不知，我们12345热线不光可以解决百姓的民生大事，每一个微小的个体也是我们要关心的对象。

## 事当关己，把居民的事当自己的事

那天我接到了12345的派单，反映一位居民家的墙被树顶裂了。挂断电话后，我及时将问题传达给综服中心，到此我的工作已经完成了，但是心里一直想不明白，居民家的墙为什么会被树顶裂呢？这天下班我来到现场，才发现实际情况比她叙述得还要严重，那棵树把外立面的砖顶碎了一地。这两天下雨，地上又是水又是泥，顺

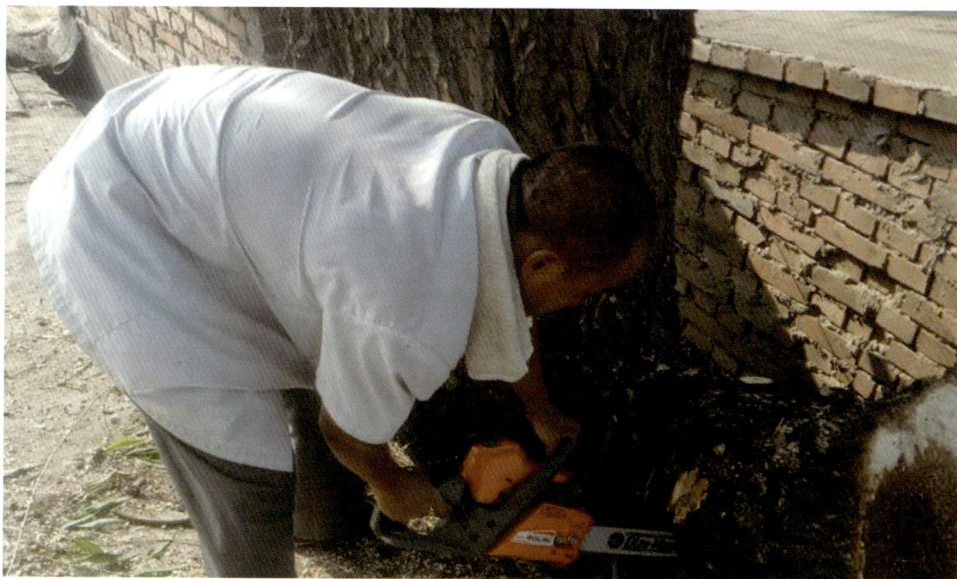

着裂缝直往屋里流，我赶紧掏出手机跟综合服务中心的同事沟通，想着明早来解决，但同事却说："放心吧，刚才我们已经去看过现场了，明天早上就锯树！"

第二天早上，居民家门口好几个人吃力地推着一车一车的树枝从巷子里出来。由于巷子太窄，只能用这种费力的办法把树枝推出巷子口再装车拉走。看着这个画面我想今天应该能完工。但是没想到，下班后我路过这里的时候，天空下起了大雨，雨水混着泥和树枝顺着墙缝往里流，几个同事都弄了一脸的泥，蹲在墙根用塑料桶使劲往外淘水，但是往外淘的速度还没有水往里流得快。看到这一幕，我赶快锁好车，找了一个盆跟着同事一块淘水。费了九牛二虎之力，我们才把墙上的口子堵上，抹好水泥，完成了修缮工作。这时已经是晚上7点钟，我在这里干了两个小时就已感到腰酸背疼、筋疲力尽。就在我拿起书包准备回家的时候，同事过来说："你们要有事就先走，我看这一下雨给人家弄了一地泥，没事的就收拾完了再撤吧。"听完这句话我心里不由得一颤，赶快放下书包，加入收尾工作之中。最后把屋子收拾干净时，已经是夜里了。

事后，业主给我们发来了感谢信，那一年地区还被评为"群众诉求十佳处理单位"，正是因为有地区办事处的坚强领导，有各个科室的鼎力相助，百姓反映给我们的问题才能得到快速有效的解决，这也让12345热线的意义真正发挥到了实处。今年是新中国成立70周年，地区在很多方面都有了长足进步，如今大家反映的情况越来越少了，更多是对国家新政的咨询。现在我们科室里面的人每天不但要接电话，还要完成网上案件的回复以及政策解读，这就使得我们的工作比以前还要繁忙。

回首这些年，我们小红门乡一直脚踏实地地为老百姓办实事，我作为一名"热线人"心中无比自豪。未来，我还会立足本职，认真工作。当然，我更希望在未来能有那么一天，城市管理越来越精细，市民生活顺心顺意，让这些热线不复存在。也许，那一天还很远，但不积跬步无以至千里，至少，我们都走在前行的路上。

边栏

# 接诉即办，彰显使命担当

在 12345 接诉即办这个岗位上，可以说每个人都是精兵强将。负责社区接诉即办工作的韦阳，在工作时间总是时刻等待在电话前，随时准备为居民提供服务，排忧解难。韦阳所在的鸿博家园第一社区，每天都会接到居民反映问题的工单，为确保做到快速反应，及时处理，他常常牺牲自己的休息时间。有时候中午接到工单，韦阳也会马上放下碗筷，第一时间赶到现场核实情况，帮助居民解决各类问题。

张子栋自 2018 年来鸿博家园第五社区后，一直负责社区接诉即办工作。他给自己立下规矩，在处理居民所反映的问题时，必须要做到"三个下功夫"：在及时办理上下功夫，民有所呼，我有所应；在举一反三上下功夫，系统梳理、提前发现各项问题，协助社区做到"未诉先办"；在攻坚克难上下功夫，协助社区发动辖区各方资源力量，协调统筹解决难点问题。

为不断增强居民的幸福感、安全感，小红门乡紧扣12345热线民生需求，听民声、解难题。2019年至2021年以来，小红门乡接诉即办案件办理过程中解决率、满意率皆有提升，并保持区级前列名次。特别在2020年，小红门乡12345接诉即办工作在朝阳区43个街乡中取得第一名的成绩。在成绩背后，是工作人员默默无闻的付出和坚守，他们凭着锲而不舍、持之以恒的服务精神，将群众反映的"问题清单"变为"履职清单"，切实解决群众需求，用"绣花功夫"，打通服务人民群众的"最后一公里"。

宣讲人 王博晨 | 小红门乡鸿博家园第四社区工作人员

# 用服务润泽家园

近年来，随着居民群众生活水平的不断提高，社区功能正在不断完善和增强，城市社区的兴起和城市管理重心逐渐下移，社区和基层干部发挥着越来越重大的作用。从疫情防控到人口普查，从垃圾分类到禁毒戒毒，社工是基层社会治理的重要参与者。与其他基层人员不同的是，社区工作人员直接面向居民群众，工作内容远比想象得烦琐，上级的各项政策，居民的大小事务，都沉积在这里办理，他们常常忙碌得连饭也顾不上吃，加班加点赶工更是社区工作人员的常态。如果说，社区是城市治理的"最后一公里"，那么居委会就是党和政府联系群众、服务群众的神经末梢，是感知群众冷暖、推动解决社区群众操心事、烦心事的第一线、最前沿。

我们社区是个新社区，刚建成就有比较好的设施支持，但是我始终觉得，社区应该是个有温度的大家庭，即便有再好的设施，如果没有投入到为人民服务中去，一切都是空谈。

## 紧密联系群众，做居民的"贴心人"

刚成立居委会的时候，为了建立群众基础，我们起早贪黑地挨个入户走访，每个人负责 330 户，与将近 1000 名居民面对面沟通。与想象不同的是，这个过程并不顺利。那天，在我入户的时候，就发生了这样一件事情。当时我来到一位大爷家，大爷很不情愿地给我开了门，一开始说你们居委会什么事都办不了，后来又从里屋拿出了几张单子，说自己女儿忙，让我帮着报销供暖费，但是大爷的单据不齐全，签字也不对应，我不敢答应，结果被他轰出了家门。

那天，我心里十分难受，回到社区后，找到了办理相关手续的同事，同事看了材料说："这缴费收据上的签名和身份证上写的不一样，需要修改。"我又赶紧跑回去，跟大爷核实这个问题，没想到他一下又急了："读起来都一样，有啥不一样啊？我看你就是成心刁难我，不给我退这钱！还骗我说你们能办好！"我心里又急又委屈，但是看着老人缩在轮椅里的身影，我还是耐着性子解释道："您别误会，我给您写一个声明，确认一下是您签字笔误，然后我写完你签个字，我再去给您办一趟。"大爷最后半信半疑地签了字。后来，当我们去老大爷家走访时，老大爷银行卡里已经收到了900多元供

暖费，他在开心和感动之余还带着一些愧疚。

事后我想，我们社区的工作就应该从这样的小事着手，一步一步让居民们相信居委会的办事能力，把我们真正当作生活中的贴心人。后来我便将社区涉及的各类工作做成手抄卡，在入户的时候发放给居民，让他们更加了解我们的服务内容，减少办事时往返的次数。

## 耐心服务特殊人群，解决百姓急难愁盼

去年夏天，一位孕妇来到居委会，她老公扶着她，手里举着一张身份证和一张居住证，一脸焦急地询问怎么给孕妇建卡。原来，

他们是外地的租户，去医院建档的时候被拒，才知道要先到社区建怀孕小卡。准妈妈看着我一脸担忧地问："同志，您说我这可怎么办呢？拖了这么长时间，到时候离家近的医院都不收我的档案了。"我和同事给她发放了相关内容的手抄卡，安抚她说："您别着急，咱一样一样来。"

在填写完表格后，我们第一时间整理好去卫生服务中心所需的流程。但是考虑到夫妻俩急切害怕的心情，如果现在去大医院，万一出现意外动了胎气可如何是好。想到这里，我拨通了社区卫生服务中心的电话，为他们预约了当天的专家号。这天下午，我陪着这对夫妇来到医院向医生说明了情况，社区卫生服务中心的大夫马上启动绿色通道，把他们的信息转到了最近的三甲医院，还详细讲解了去大医院建档的流程以及孕期的注意事项。小夫妻走的时候握着我们的手不住地说："谢谢你们，没想到咱们社区能办这么多事，孩子出生后，我一定给你们送喜糖！"

听完对方的话，我心里也为之一暖。今年是新中国成立70周年，我们国家经历了70年的发展，无论是硬实力还是软实力都不断增强，各项民生工程逐渐落地生根，社区作为社会管理与公共服务的最小单位，如今能为居民服务的内容越来越多。近两年，由于职能下沉，作为乡政府与群众之间连接的桥梁，社区对于社会的基础力量也越来越强大。

## 志愿服务先行，居民信任暖人心

如今我们在追求更好地为百姓服务的同时，也努力用高科技手段加强我们与百姓之间的互动。去年我们创建了鸿博家园第四社区

的微信公众号，短短三天就有1000多位居民关注。大家不仅在平台上为社区工作建言献策，还有很多朋友表示要主动加入志愿服务队。

去年年底，有一位志愿者从城外城广场跳舞回来，他发现由于天气寒冷，小区里很多棵黄杨都穿上了厚厚的"冬衣"，不过还有两棵树裸露在寒风里"瑟瑟发抖"，就拿起边上摆放的工具，有样学样地给黄杨穿起了衣服：先用竹竿做支架，然后用布罩起来。但是因为他有一根竹竿没绑好，露出来一截，正好插在了他的自行车轮里，志愿者对此毫不知情，刚骑上车就摔了出去，把腿摔伤了，只好打电话求助。这时两位热心的志愿者接到求助，不顾夜风凛冽，第一时间赶到现场，扶着他去医院看病。第二天一早我们得知了此事，准备赶快把黄杨保暖的工作给完成，然后去医院探望这位受伤的志愿者。没想到，刚到现场就看见几名志愿者马上就要把黄杨"穿衣"的收尾工作做好了，看到大家在冬天里冻得通红的手，我内心充满了感动。老百姓从不信任社区，到愿意为社区付出自己的力量，

这个过程的转变给了我许多力量，激励着我在日后工作中的每一天都倾尽全力服务居民。

如今，我们社区成立一年多了，在乡政府的大力支持下，社区的各项工作有条不紊地开展，如今居委会不但在服务质量上有提高，硬件上也获得了更多支持。一方面，社区实现电子探头和便民设施全覆盖，形成了平安和谐的良好局面；另一方面，越来越多的居民们加入志愿服务的行列，社区的凝聚力变得更强。但无论社区工作如何发展，我们为百姓们服务的心始终如一，无论居民遇到什么问题，只要踏进了社区服务站，就会得到家人般的关怀和帮助。未来的日子里，我们还将用热情的服务温暖居民百姓，让这股暖流继续润泽我们的家园。

# 喷绘楼门，共筑美好环境

　　鸿博家园第四社区始终秉承创新发展的工作理念，积极探索社区工作的新思路和新方法，努力为居民提供更好服务。2018年，鸿博家园第四社区的楼门文化建设全面展开，从前期的方案制定，到后期的施工指导，工作人员全程紧盯每一个重点环节。在创意方面，大家还匠心别致地加入了彩绘元素，并把老北京的传统文化，与垃圾分类、绿色低碳等环保理念融入其中。此外，楼道中还加入了展示区域，很多社区居民的摄影作品、书法作品都放置在了这一区域，供大家欣赏。楼门文化的建设，不仅得到了上级领导和社区居民的一致好评，该方案也在全乡范围内得到推广。

宣讲人 | 王　赛 | 小红门乡综合服务中心

# 繁花绿意，植入心中

如果有机会从高空俯瞰，您会发现绿树成荫、层林叠翠的小红门乡，如同一幅壮美的画卷在北京城内徐徐展开。万树争荣添翠色，千枝竞美染幽香。走在小红门乡的街道上，郁郁葱葱的林木生长在街道两旁，像是卫士一样守护着居民出行，人们带着孩子在口袋公园内健身聊天，欢笑声回荡在空气中。秋天的鸿博公园，金黄的银杏叶铺满大地，仿佛走进了梦幻般的童话世界，这一切美景的背后，是小红门综合服务中心一代又一代的人的接续奋斗……

先来看一组数字——4930.599。4930.599 亩是小红门乡绿化管护的总面积，这在整个朝阳区乃至北京市都排在前列。如今的成果是几代小红门人共同努力的结晶。农民拆迁上楼，以前的小村落都变成了新建的小区，形成了地区绿化的新格局。对于绿化工作的开展，小红门地区可能是起步比较晚的，但这恰恰为我们提供了一个更好的发展机遇。

## 目光如炬，及时引进新品种树木

初春时节，飞扬的柳絮给人们出行带来了很大困扰。据统计，现在北京五环内共有28.4万棵杨柳雌株，其中朝阳区就占据了三分之一，但小红门地区内杨树柳树占比不到十分之一。

刚建国时之所以大量种植杨树柳树，是因为北方气候干旱，杨树柳树不仅能适应干旱的气候，而且生长很快。除此之外，还有一个原因就是当时科技比较落后，一些南方的名贵树种无法适应北京的气候。但是咱们乡在认识到种植杨树和柳树的弊端后，马上调整苗圃的种类，从20世纪80年代就开始改种银杏和梧桐。这些树种比较娇贵，需要悉心维护，而这一重任自然也就落在了综服中心的肩上。

为了弄清小红门地区绿化进程，我在私下采访了很多综服中心的老员工。其中一位老师傅跟我讲了一个发生在20世纪80年代的故事。那时地区引进了第一批银杏树，对于银杏想必大家都很了解，有祛病养生的功效，但很多人不知道的是，银杏树生长非常缓慢，而且不易存活。

第一批银杏树在种植后就产生了大量蜕皮的情况，其实树皮和人的皮肤一样，在树皮底下有一层层输导组织，也就相当于我们的血管，而树木大量蜕皮就是树的血管被堵住了。银杏树栽下去小半年，不仅不开枝散叶，连所结果实也不饱满，急坏了当时的老师傅们。那个年代信息还很闭塞，很难请到相关专家，于是他们就给小树穿上冬衣，用粪便当作肥料补充营养。一个月过去了，这些"病"树还是没有起色。有一次，中心的一位老师傅去别的乡开会，回来的时候路过一个大公园，无意之中发现有一棵衰弱的树上居然挂着输液用的袋子，袋子上面写满了英文，他赶紧抄下袋子上的英文带回综服中心。

到了办公室，老师傅把抄得歪七扭八的英文放到桌上，所有前辈们都一头雾水，没人能看得懂。于是老师傅们请乡里的大学生前来翻译，并用业余时间专门去离地区十几公里之外的图书馆查专业资料，最终才知道输液袋里的"药"是配好的肥液，里面有很多微量元素，能帮助植物更好地生长。这个办法运用了流体力学的原理，把液体注入树的身体里，使之能够更好地吸收。

于是中心的老师傅们也决定效仿这个办法，很多人到现在都记得树木输液的第一天，心里十分紧张，恨不得搬着凳子坐在树下观察。那天晚上吃完饭，一个老师傅和家里人说想去公园遛弯，家里人都笑话他说："你天天上班在公园还没逛够？"老师傅摆摆手说："说了你也不懂，你不去我自己去。"其实他心里就是惦记着树，看看这个药能不能输进去。到树底下仔细端详了半天，看药已经输了一半了，心才踏实下来。

没几天时间，银杏的树叶从暗黄变成了金黄，树皮也不像原来看上去那样干枯，树干上斑驳的痕迹渐渐愈合在一起。这时大家伙心里的石头才放下了，成就感和自豪感油然而生。

借助此次种植经验，小红门乡开始大量种植银杏树。地区绿化从1987年的1万多株到如今的25万株，每年种植量都成倍增长。

还记得我们之前说的杨树和柳树吗？即使量不大，但是我们还是率先引进了抑制飘絮的农药。虽然阻止不了其他地区的杨絮柳絮飘到小红门，但我可以很自豪地说，我们地区绝不当杨絮柳絮的制造者！

## 以身作则，让植树护林意识根植于内心

　　进入 2000 年之后，地区被评为"市级绿化先进乡"，但是绿化脚步并没有停歇，说到这就不得不提鸿博公园和镇海寺公园。我入职以后的第一个任务就是跟着师傅去了解公园绿化的情况，当时每天走路两万步起，别的同事都开玩笑地说综服中心是名副其实的"暴走中心"。

　　即使地区的绿化有所提升，那些让我们都很痛心的现象也时有发生。有时候我在公园巡查，发现有些居民吸完烟，顺手就戳在名贵的杜仲树上，每每上前阻止，人家都会嘲讽我说："这树是你们家孩子啊？护得这么亲干嘛。"我听完也不作声，默默把烟头捡起来，

在心里感慨地区居民还是没有那种爱绿护绿的意识。

　　从那以后我也养成一种习惯，没事儿在公园巡查的时候，把看得见的烟头、杂物都捡走。有一次我和家人去别的公园玩，看见树

坑里有塑料袋，我就和家里人说，这树长得不好看都是因为有垃圾，家人都笑话我得了职业病，他们觉得这之间根本没有逻辑关系，但是在我心里却觉得这些树都是鲜活的生命，只有大环境改善了，他们才能茁壮成长。

为了让绿化工作更贴近百姓，近几年地区修建了口袋公园，多种多样的花草和树木围绕在老百姓的身边，给大家的生活带来了清新和绿意，居民们护绿爱绿的意识也逐渐提高。之前在公园里面遛弯，不仅要练腿，还得练腰，因为总是要弯腰捡那些杂物，而现在每天走两万多步都几乎不用弯腰了。

## 持续发力，描绘绿色发展新画卷

如今地区种植的绿化美化植物达到了上百种，为了提升整体绿化水平，让这些植物"喝"上更健康的水，地区开始解决各个区域的黑臭水体问题，让更多的绿树清水萦绕在我们的身边。

这些年全球绿化面积增加了5%，仅仅我们中国的植被增加量，

就占到过去 17 年里全球植被总增量的 25% 以上，位居全球首位，得到了各国人民的真诚赞誉。几十年来，我们国家一直致力于为地球增添绿色，多少前辈在荒芜的土地上接力奋斗，才创造出了现在的一片片森林。而我们地区这些年也一直努力完善绿化工作，为百姓创造更加宜居的生活环境。

如今我和乡里的每一株草、每一棵树、每一条河流都建立了深厚的感情。看着叶子越来越绿，即使我每天走的步数越来越多，心里也是收获满满，这也是我们小红门人奉献给新中国 70 岁生日最好的礼物。在未来，我们还要建一个媲美奥林匹克森林公园的大公园，进一步提升我们地区的绿化工程，将"家园绿"送给每位居民，让"中国绿"影响人类共同命运，让更多人一起去呵护我们绿色家园的盎然生机。

### 延伸阅读

1981 年 12 月 13 日，第五届全国人民代表大会第四次会议通过了《关于开展全民义务植树运动的决议》。从那时起，植树造林、绿化祖国成为每个华夏儿女的光荣义务。

40 多年来，党和国家领导人率先垂范，年年带头参加首都义务植树，为北京的生态建设贡献力量。同时，首都各界也通过植树造林、林木绿地认建认养、建纪念林种纪念树、义务绿化宣传和以资代劳等不同方式，踊跃参与植树播绿，市民百姓全员动手美化家园。

作为首都全民义务植树日，每年 4 月的第一个周末，从城市到乡村，上百万市民走出家门，植树栽花、认养树木、抚育林木、清理绿地，以多种形式履行植树义务，共建绿色家园。

宣讲人　侯晓峰 ｜ 小红门乡牌坊村村委会工作人员

# 它之倾倒，我即心安

　　城市化进程浩浩荡荡，城市骨架不断延伸，近些年，随着城市化进程的发展，原本的城郊变成了城区，某些非宅建筑被用作商业经营，为事故发生埋下隐患。不管是城乡自建房还是商品房小区，非宅违建现象一直屡禁不绝，成为城市治理的难题，非宅违建不仅对市容市貌和城市治理有不良影响，其潜在的安全隐患更是不容小觑。多地违规建筑相继发生安全事故，频频出现在相关媒体报道中。2020 年 3 月，福建省泉州市欣佳酒店发生"3.7"重大坍塌事故，造成 29 人死亡、42 人受伤；同年 8 月，山西省临汾市襄汾县聚仙饭店发生"8.29"重大坍塌事故，造成 29 人死亡、28 人受伤。这两起事故均为违法违规建设、改建导致存量建筑物坍塌的安全责任事故。安全生产无小事，非宅建筑具有重大安全隐患，一旦出事，将会造成难以挽回的损失。虽然拆除难度大，但是工作人员丝毫没有气馁，他们坚持用自己耐心和诚心去引导居民，用执着与不懈的工作态度，去解决一个又一个难题。

作为牌坊村委会的一名工作人员，我的工作任务即特殊又艰巨——负责非宅回收。大多数人对非宅比较陌生，其实非宅的定义很好理解，非宅就是指除了住宅以外的非居住用房屋。它包括办公用房、商业用房和厂房仓库等。讲到这里可能有人不禁要问，为什么要进行非宅回收？

因为非宅违建与这三个关键词紧密相连：大隐患、多纠纷、高风险。

非宅建筑之所以会有这些问题，是因为这些建筑大部分都是业主违规搭建的，不仅侵占公共利益，而且为了节约成本，有些主体建筑不规范，一旦发生火灾，还会殃及周边百姓，后果不堪设想。其实这些非宅建筑不但是百姓的眼中钉，也是地区在城市化建设中的绊脚石，更是我的一块心病。

但是想搬开这个绊脚石又谈何容易？经过前期摸排，我们将地区的非宅数量锁定在了 32 个。在摸清数量后，我们三人一组下到这些业主中间，开始了第一项工作：发放告知书。

# 孜孜不倦，提升居民安全意识

　　第一天上门沟通，就让我们碰了钉子。我记得那天在回单位的路上，我们几个人一句话也没说。就在大家情绪都很低落时，我们组里一位前辈站出来对大家说："现在他们不配合我们的工作，其实还是对我们工作不了解。但是这些业主有一点没有想明白，这些非宅是不合法的，一旦发生任何问题，这些业主要承担严重的法律后果。如今我们要拆除非宅，不仅是响应上级的号召，更是为了把回收后的土地还给地区、还给百姓，这也是大势所趋！"

　　老前辈的一番话无疑让我们内心信心倍增。接下来的几天，我们在明知道对方不配合的情况下，依然进行走访，只不过这次我们手里多了一样东西——关于非宅建筑的风险与危害宣传手册。

　　渐渐地，几乎所有的业主都肯主动坐下来和我们进行协商，但还是有一家企业，一直都不愿意配合，它就是我们第一天走访的那个仓库。在多方打听之后，我们才知道经营这家仓库的是一对夫妇，他们都不是当地人，来到北京后先是在工地上打工，后来又干过早点摊，夫妇俩很勤快，没两年就有了一些积蓄，后来就包下了这家仓库。听到这里，我似乎明白了他们抵触我们的原因。

# 攻坚破难，春风化雨消解隔阂

5月的北京已经进入了春天的末尾，天空中时不时就会飘起小雨，预示着雨季的到来。这天下班后，我没有回家，独自一个人撑着雨伞来到那个仓库的门口。还是老样子，叫门后只听犬吠没人应答。我在雨里站了大概五六分钟，不禁打了好几个寒战，被人晾在一边

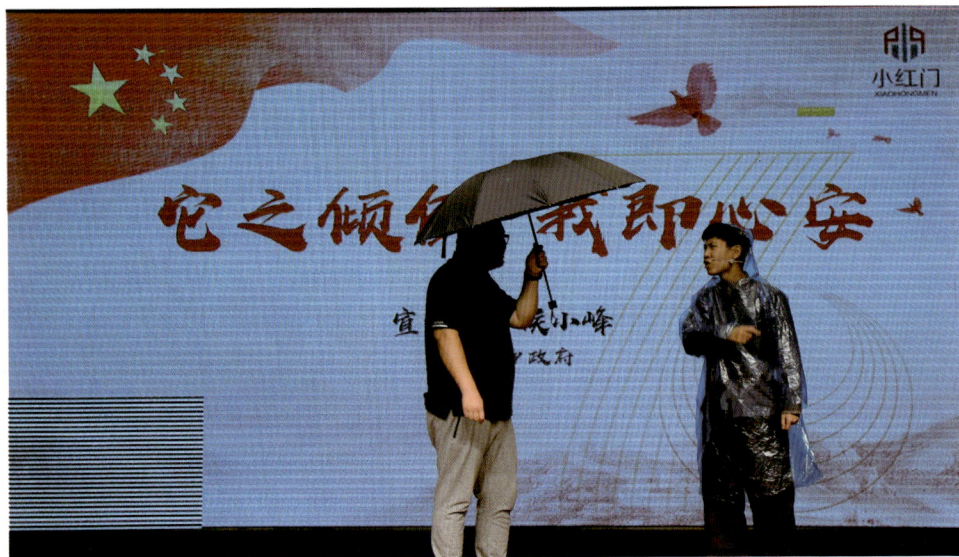

的滋味实在不好受。这时仓库的门突然响了，开门的是一个皮肤黝黑、40多岁左右的男人。

还没等我开口，他就先说："我知道你是干什么的，进来说吧！"就这样我跟他走进了这间仓库。直到今天我都清楚记得那里的场景，那是一个不大的地方，进去以后就能闻到一股潮湿的霉味，仓库里

堆满了汽车的配件，与其他汽修厂的仓库别无二致。再往里就是他的办公室，也是他们居住的地方。在办公室里他们的晚饭还没有收，橘子皮熬萝卜是餐桌上的主菜，可以看得出他们的日子十分清苦。

情况和我之前料想的一样，这间仓库是夫妇俩唯一的经济来源，拆除这里就意味着他们要另谋生计，法与情的抉择让我实在两难。但是看到这里的彩钢板建筑，又是三合一场所，我还是鼓起勇气表明了我的立场。"先生，您家里的情况我今天都看到了，我也知道谁都不容易，但是您这里的主体结构是违规搭建的，仓库用地也不具有合法性。我不知道您一年的收入有多少，但万一出了事，您挣得的钱可能都得赔进去，不仅如此，您还要承担法律责任。现在国家有政策，您不顺势而为，到时候后悔的还是您自己。"仓库老板听完这番话，明显有些动容，但还是没有明确表态。第二天我和同事拿着政策文件又来到这里，一条一条讲清楚，最终仓库老板不再抵触，愿意配合我们接下来的工作。

## 凝心聚力，坚定笃行利民之举

完成了这32家企业的沟通工作，时间也已经进入了6月。为了趁热打铁，我们一天都不敢耽搁，开始进行土地面积测绘评估。一天我和组里的同事来到一家汽修厂进行测绘。一进到仓库，我们俩就发现，这里存在私搭乱建的现象，肯定和土地证上的建筑面积严重不符。所以，我们决定从头到尾进行测量，不能有半点遗漏。说来也怪，这天出奇的热，量了一会我就头晕眼花了。这时我的同事把我的测量本拿过去说："我来吧，你去一旁歇着！"两个人的工作，我怎么好让他一个人完全负担呢，我赶忙推托，只听他说："我真不累！我自己没问题！"我也拗不过便坐了下来，一段时间后还是觉得头晕恶心。这时同事对我说："你怕是中暑了，我包里有藿香正气，你找找！"听完他的话，我赶快打开了包。在这个不大的包里，我看到了四五罐红牛、一大盒消炎药以及几瓶藿香正气、十滴水。看到这些我才知道，一句"我真的不累"的背后意味着什么。

接受这项工作后，我们组里的每一个人都憋着一股劲，为了地区更好的明天，这些企业必须拆。经过了一个多月的努力，32家企业的测量工作和协议书都已经签好。看到这32封协议书摆在大会议桌上的时候，我心里的激动之情难以表达。这天下班我独自一人从村

里的储物室里拿出了一桶红油漆，来到我所负责的片区。刚开始进行非宅回收这项工作的时候，我心里一点底都没有，不知道这项工作能不能顺利完成，所以我在待回收区域写"拆"字的时候，特意少点了

一个点。当时心里想，这个小细节又有谁会注意呢！要是真的顺利完成，我就过来把这个点补上，这样既成全了这个完整的"拆"字，也代表着拆除工作将会圆满完成。现在32家企业都同意拆除，我终于能踏踏实实地把这个点补上去了 。这个大大的"拆"字在墙上显得是格外的亮眼，而又充满了希望。

几天后的一个上午，随着违规建筑物倒塌的巨响，我心中的这个石头终于落地了！这10个月以来，我经历了重重阻碍，同时也在工作推进的过程中体会到了不一样的感动。有几次想放弃，却还是咬牙坚持到了最后。在大家的共同努力下，截至目前，牌坊村的非宅回收工作已全部完成，拆除总面积将近24万平方米，足足有34个足球场那么大。如今这些土地上全部铺设了绿网，不久的将来，防止扬尘的绿网就会变成松软的草坪，一个能够媲美奥森的公园也将落地在我们地区，到那时芬芳的花朵将在其中绽放，清新的空气会溢满我们生活中的每个角落。在未来的日子里，我们还将不断努力，到百姓需要我们的地方去，为地区发展添砖加瓦。

**延伸阅读** ...................................................

小红门乡依照朝阳区委、区政府关于疏解整治促提升的工作部署，将拆除违法建筑的整治工作与创建国家卫生区、城乡结合部环境整治工作有机结合。2018年1月至5月，小红门乡拆除违法建筑共计5万余平方米，发现一处，拆除一处，切实落实"早发现、早制止、早上报、早拆除"的"四早"机制。2018年7月，我乡对经开万佳国际机械城的部分地块进行了拆除。据了解，经开万佳国际机械城总拆除面积为161821.25平方米。拆除后，裸露土地已种植松树、柏树等植被，有效避免了裸露地块造成辖区环境的二次污染。

宣讲人　方欣彤 ┃ 小红门乡群团办科员

# 难忘的 1 分 06 秒

天安门前庄严盛大的阅兵仪式，对于每个中国人来说具有特殊的意义，那是国家富强昌盛的印记，让我们为之骄傲自豪。阅兵仪式上，响彻云霄的礼炮绽放在天安门上空，气势磅礴的阅兵方阵迈着整齐划一的威武步伐走来。行进时，千万个人的动作如同一人，行行笔直，士兵个个表情庄严、意气风发、斗志昂扬地接受党和人民的检阅，激动人心的场面牵动和震撼着每一位炎黄子孙的心！全家齐聚在电视机前观看阅兵仪式是每个中国人心中的难忘回忆。

雄壮威武的阅兵式背后，凝聚了无数人的努力与心血，小红门乡张超有幸参与了 1999 年的阅兵典礼，短短 1 分 06 秒的征程浸透了她的汗水与眼泪，也让她明白了责任与担当的重量，这段特殊的回忆在后来的许多年里一直都激励着她勇敢地向前奋进。

相信我们新中国开国大典的镜头已经印在了很多人的脑海里。1949 年的 10 月 1 日，在天安门广场，伴随着欢呼声、礼炮声，一个崭新的中国在这一刻诞生了！但今天要讲的并不是那个时期的故事，让我们把时钟拨回到 1999 年 10 月 1 日，一场规模空前的大阅兵正在天安门广场举行。一件件振奋人心的武器装备，亮出了祖国的肌肉，这时一个靓丽而又特殊的方阵朝着主席台走来，这就是女民兵方阵。今天故事的主人公就在这个方阵里面，她就是张超，一名从小红门乡走出去的女民兵！

此刻张超正在北京市某民兵训练基地进行封闭式工作，进入训练场之前交给了我一个手抄本，她说："这里面的照片和文字记录了我和阅兵有关的所有记忆，你想了解的事应该都在这里面。"

## 应征入伍，开启人生新征程

在一个夜深人静的夜晚，我拿起本子随手翻开了一页，看到上

面写着这样一段话:"真是不可思议的缘分,每天都走小路回家的我,今天莫名其妙走了大路,而在路边不经意地一瞥,居然看到了征兵的信息。"

"看着那些做登记工作的叔叔们穿着笔挺的绿色常服,征兵处的长桌上铺着一张大红布,我当时觉得这张桌子比银行的大理石柜台亮眼多了,一想到要是能穿上这么漂亮的军装,就觉得浑身的血液都是滚烫的。"

就因为这么一瞥,张超毅然决然地放弃了银行的工作,在小红门乡征兵处完成了体检,顺利加入中国人民解放军的队伍之中。也许是命运使然,张超刚刚入伍就遇上了国庆阅兵人员选拔的良机,她的内心雀跃不已,做梦都想着要在天安门广场上踢正步!

来到训练场,张超才发现这个梦想实现起来可真是不容易。"今天听教官说,我们接受检阅的时间很短,只有1分06秒,这是踢着正步从广场东华表到西化表所需要的时间。然而为了这1分06秒,我们一天需要训练八个小时,有时表现不好,晚训的时候就要多站一个钟头。"

高强度的训练，对于19、20岁的女民兵来说，每天都是度日如年，但考验远不止这些。

"因为训练比较苦，伙食上又不适应，方阵中的好几位战友都请了病假。这时教导员破例停训给我们开了个小会，会上她讲到了她在部队的故事。她说她刚入伍那年就赶上了自然灾害，她们所在的部队粮食短缺，为了不跟百姓争粮，不给国家增添负担，她们就分批次去地里、山上找一些可以充饥的食物。一天，她在地里看到了一些草籽，因为饿得难受，她捡起这些草籽都顾不上洗，直接就放到了嘴里。听到这些，再想想我们每天的伙食，觉得心里无比惭愧。"

从这以后，张超和她的战友都开始努力适应部队的伙食和训练节奏。

## 迎难而上，铿锵玫瑰展笑颜

第一轮选拔赛即将到来，就在张超觉得自己肯定会通过选拔的时候，一个意外却打碎了她的自信。

原来这一天，训练场上有一只黄蜂飞到张超的袖子上，边上的女孩看到后下意识地躲了一下，黄蜂以为自己要受到攻击，就狠狠地在张超的手臂上叮了一口！

在日记中张超回忆说："当时真是疼得钻心，也就几秒钟，胳膊上就肿了一个樱桃大小的包。军医说毒刺留在了皮肤里面，只能消肿以后再取出来。但是这肿迟迟不消，我真有点坚持不住了，太苦了！"

受伤后的张超，把自己的艰难和痛苦告诉了父母，但是电话另一头只是传来了简单的一句话："受点伤能算得了什么，要想获得这份荣誉你就得坚持，绝不能当逃兵！"

　　这时候，考核前的压力，父母的不理解，都让张超觉得无处诉说。身体上的痛苦和强大的心理压力终于让这个年轻的姑娘病倒了。但是比生病更可怕的是，她错过了第一轮选拔比赛。躺在和水泥地一样硬的行军床上，张超仿佛置身混沌之中，就在她觉得自己已经失去机会的时候，她的战友站了出来。

　　"咱们努力了这么久，不就是为了国家的荣誉，为了最终的那1分06秒吗？因为这点伤病就倒下了，以后再想想还能甘心吗？"战友的话让张超感觉如雷贯耳。第二天，火热的训练场上又出现了一个曾经熟悉的身影。而这个身影，和刚入伍时相比完全是脱胎换骨。为了让张超迅速找回状态，战友们每天轮流陪她加练，这也让张超感受到了什么是集体、什么是团结。两周后，最终的选拔比赛如期到来。

　　"那天的训练场，阳光格外刺眼。就在我站了两个小时的时候，我真的感觉自己坚持不下去了。这时我身边的战友好像看出了什么，

在我耳边轻轻地说了一句加油！听到战友的鼓励，再看看远方的国旗，刚入伍时的那股劲再次被点燃了，我抛下一切想法，开始思考站在这里是为了什么，咬着牙挺完训练又是为了什么，为了国家，为了梦想，我要挑战自己的极限，激发身上的全部力量！"

就这样，张超在最终的选拔中获得了她有史以来的最高纪录：站军姿 3 小时 45 分钟，在 130 多人的中队里排进了前 10 名。

1999 年 10 月 1 日，张超实现了从青年时代就扎根心底的梦想，和近万名受阅官兵，出现在了长安街上。走过天安门城楼时，泪水打湿了张超的双眼。她已经不能用语言准确地形容那时的想法与感受，她只知道，这 1 分零 06 秒将成为自己永恒的记忆。

## 薪火传承，凝心聚力担使命

如果说参加过一次阅兵的人，可以称为有幸，那么能多次参加的人则一定是缘分使然。20 年过去，已经 40 岁的张超，再次接到了组织的任务。如今的张超已是小红门乡的一名科级干部，抽调这么长时间，自己的本职工作该如何处理，上级领导能不能同意，这些都让她心里犯了嘀咕！

说明情况后，乡领导不但没有反对，还嘱咐她说："国家的荣誉比天大，你赶快准备一下，一天都别耽搁。"就这样，时隔 20 年之后，张超的身影再次出现在训练场上。只不过，这次的身份不再是一个方队女兵，而是作为民兵方队第二中队的教导员，成为方队队员们的大家长和贴心人！

张超所在的方队代表了我国千万民兵后备力量，在方队中，最年轻的队员刚满 16 岁，而最大的也只有 20 岁。无论是 20 年前还是现在，阅兵训练都是一场苦修，训练时地表温度最高能达到 60 度，每天至少行走 30 公里，一双鞋往往用不了一星期就磨没了后跟。张超清楚其中的艰辛，她坚持 24 小时工作制，密切关注队里 100 多名队员的身体状况、思想动态和家庭情况，即使是深夜有队友打来电话，张超也能一下听出是谁的声音，耐心听取对方提出的一切问题。

在训练中，张超也经常给予队员鼓励，并且始终让她们记住两组数字——106 和 352。

106 的含义不必多说，而 352 则是方阵的总人数。张超总是这样告诉她的队员们："只有经受住磨炼，最后才能确保自己在这个 352 人的方阵里留有一席之地，才能享受那 1 分 06 秒所带来骄傲与自豪！"

无悔青春，有召必回。从台前到幕后，张超度过了 20 年的时间。从软弱到刚强，是阅兵让她完成了一次又一次的人生蜕变。时代的责任赋予青年，时代的光荣属于青年。在训练场上，张超用一腔热忱和一身汗水为祖国献礼，她用实际行动，担负着一个民兵的使命和一个干部的责任！而这种精神也将影响着每一个队员、影响着我们小红门一代又一代的年轻人。

**延伸阅读** ••••••••••••••••••••••••••••••••••••••••••••••••••••••••••

　　阅兵，不仅展示了我们人民军队是威武之师、文明之师，更是展示武器力量、国家力量的一个契机。其实不止国庆阅兵仪式，每一次盛会胜利召开的背后都离不开大家的默默奉献，每年"两会"期间，小红门乡都会将安保维稳作为首要政治任务，整合乡内资源，调动各方力量，全力以赴做好社会面防控工作。

　　乡领导班子召开专题会议，就"两会"期间服务保障工作进行具体部署；包村干部、各村和社区工作者、居民志愿者们放弃休假，组成群防群治队伍，走上街头巷尾上岗巡逻，维护全乡安全稳定；安监科会同部分街乡安全生产执法力量，开展专项执法检查，保障全乡安全生产形势持续稳定；此外，人流量密集等重要点位还安排专业安保人员站岗执勤。

第五章

忠诚·责任

宣讲人　牛宏文 ｜ 小红门乡鸿博家园第五社区社工

# 爱国的"胎记"

　　2019 年 10 月 1 日的天安门广场上，一支身着红色戎装、头戴洁白军帽的女民兵方阵气势昂扬地从阅兵台前走过。声音洪亮、目光坚定、整齐划一。受阅距离 96 米，走 128 步，66 秒通过，分秒不差、毫厘不错。来自小红门乡的牛宏文就在其中。

　　站在阅兵场上，庄严的国歌、激荡的口号使她热泪盈眶。那时牛宏文在心底发誓，一定要用毕生的时间来守护伟大的祖国，守护党和人民。这段难忘的阅兵记忆像胎记一样与她融为一体，已经成为生命的一部分。

　　四个月后，突如其来的新冠疫情扰乱了人们的生活节奏，牛宏文将自己许下的诺言变为实际行动，再次穿起"军装"，拿起"号角"，将阅兵精神化为工作动力，全力以赴投入到小红门乡疫情防控中。

　　现在让我们把时间拨回 2019 年 10 月 1 日，天安门广场上恢宏激昂的阅兵式号角骤然响起，新中国以一场盛大阅兵庆祝七十岁华

诞。车轮滚滚，大地震撼，一件件振奋人心的武器装备令所有人感受到祖国坚不可摧的和平盾牌。

## ▲ 接受检阅，我为华诞来献礼

15个徒步方队，受阅官兵以每分钟112步的速度、75厘米的步幅，正步行进128步。其中有一个特殊的方阵，她们红色戎装、洁白军帽、飒爽英姿，让人眼前一亮，这就是我所在的女民兵方阵。

训练场上的付出夹杂着汗水与伤痛，大半年的训练时光里，服从命令听指挥早已深深烙印在我们心中，我们有着"打胜仗"的决心，也有"走百米不差分毫，走百步不差分秒"的目标。每当回忆起这段往事，我还能清楚地感受到踢着正步从天安门广场走过时的兴奋与激动。训练场上走过的数千公里换来走过主席台前的这96米，"阅兵腿"是国庆留给我最好的礼物，它早已与我身体融为一体，成为我的专属"胎记"。

我是阅兵的亲历者、见证者，更是受益者，看到伟大祖国在这

场举世关注的阅兵盛典中焕发出的胜利与自豪的荣光，我感受到了祖国的强大与力量，我要将阅兵精神继续传承，将爱国情与使命感相互交融。从那一刻起，我在心底暗暗发誓，无论何时何地，我都要与祖国共奋战。

没有想到的是，就在四个月后，疫情突袭大江南北，而我也有了兑现诺言的机会。

## ▲ 兑现诺言，我同祖国共奋战

大年二十九的深夜，一通电话像阅兵训练时深夜紧急拉练的集合哨一样，将鸿博家园第五社区全体工作人员召集在一起。寒风凛冽的清晨天还未亮，我们的工作人员就走上了街头巷尾，大门值岗、入户排查、数据统计等各类工作也随即有条不紊地开始运转。一开始我还挺庆幸在严寒下作业，毕竟阅兵训练时的酷暑使我至今难忘，但是连续工作几天后，我对三九天有了新的认识。平时我们负责为居家隔离的居民配送生活、防疫物资，逐户询问和登记隔离情况，有时候一栋楼走下来起码要三四个小时，平均每名工作者要负责百余名居民，肩负的任务十分繁重。防护服里无法穿着厚重的棉服，这样一来，工作几个小时后整个人就已经冻透了。

　　尽管严寒苦楚，但人心的温暖却似阳光般闪耀。有一次我巡楼回来，走到最后一家住户，他家的大门正好对着一个风口，我一边与居民沟通，一边哆哆嗦嗦地在登记表上做着记录。就在我记录完成转身准备离开的时候，忽然一股暖流从背后拥抱了我，我回头一看，是这位阿姨把自己身上的马甲脱下来披在了我的身上，她说："你们真的不容易，楼上楼下来回跑，要注意身体，多穿衣服，不然病倒了，我们也会内疚的！"

在阿姨冲我挥手告别的一瞬间，我的鼻子一酸，眼泪也随即掉了下来，能让居民感受到我们的真诚，得到他们的接受和认可，即便再累再危险也是值得。回忆这段日子，突如其来的疫情令所有人措手不及。想起刚刚开展工作时，有的居民抵触入户排查，抱怨出入小区不方便，工作人员常常吃闭门羹。每每受了委屈，我都会告诫自己，我是一名女民兵，是一名战士，我承诺过要与祖国共奋战。习近平总书记说过："社区是疫情联防联控的第一线，也是外防输入、内防扩散最有效的防线。"如果说医院是救死扶伤的阵地，那社区就是防控阵地，我就是这个阵地中的女战士！我要坚守岗位听指挥，英勇奋战在疫情防控第一线，为遏制疫情扩散蔓延、保障地区居民生活贡献自己的力量。

有人问我，那件马甲后来去哪儿了，我说，那天阿姨的话和马甲一样，是我在疫情期间收获的最有意义的礼物，我将这件马甲清洗干净，和国庆阅兵仪式的服装、荣誉证书收藏在一起，也把阿姨的话留在了心中。

参加过防疫工作的人都知道，防护服是保障工作人员生命健康的有力武器。有人说，有一种伟大，叫作"穿着防护服的抗疫工作者"，疫情期间，我们需要接送相关居民到指定地点去做核酸检测，密不透风的防护服使汗水长时间糊在脸上，不仅如此，眼周、手腕、脚腕也都留下重重的勒痕。每天回家后，妈妈都会用药膏细细地抹在我的勒痕上，半心疼半开玩笑地说："国庆的时候晒得像个足球运动员，好不容易捂白了点，又留了一脸的红印子，我看你这是存心想嫁不出去，让我和你爸养你一辈子！"

我听了这些话，有些难过地抿着嘴角笑了，心里却夹杂着愧疚和感激。腊月二十九那天晚上，我正准备和爸妈一起吃饭，就接到了上级的紧急集合通知，妈妈从厨房冲出来，本以为她要阻止我，因为从阅兵封闭集训结束后，我几乎都没能好好陪过父母。

没想到妈妈只是在围裙上使劲擦了擦手，憋了半天对我说："吃个饺子再走吧。"

现在想想，妈妈当时一定是既担心又焦急，但是她懂我，她读出了我眼中的坚定，她明白这是我的使命和责任。当时的我说不出口，但此刻我想对妈妈说一声："谢谢您对我的爱与理解，妈妈，待我完成这场'战斗'，完成对居民的守护，待疫情彻底结束的时候，我一定好好陪伴您，为您和家人做一顿年夜饭！"

## 常耕常新，我与人民同坚守

为保岁月静好，我愿负重前行。我是一名女民兵，勇于担当，不畏艰苦，哨声就是命令；我也是奋战在疫情防控一线的城乡社区工作者，不畏艰险、勇往直前，充分发挥党员先锋模范作用，为群众的生命健康守好关，筑起遏制疫情扩散蔓延的"钢铁防线"，这是我对人民群众应尽的责任和义务。

疫情扩散的态势得到控制后，我又负责了社区的数据统计工作。这份工作看似简单，实际上每天需要汇总上报四五种统计表，有时为了一名人员信息的精确完善报送，我们就要打二三十个电话，与各个环节确认。然而，无论是在办公室进行电子数据录入，还是下沉到一线站岗执勤，我都会倾尽全力把工作做好，这种精准度、严谨性，源于我骨子里的"阅兵精神"。记得一篇文章中曾这样描述："爱国是每一个中国人的'胎记'，是世上最深层、最持久的情感。"每当看到这段话，我都会想起关于阅兵的一切、抗疫的一切，虽然历经万千辛苦，但爱国情时时燃烧在我火热的内心中，我们用行动证明，伟大出自平凡，平凡造就伟大。作为一名新时代青年、一名女民兵，我现在能够无比骄傲地告诉所有人："我兑现了我的承诺，我与祖国共奋战，我与人民共进退！"

2021年是中国共产党成立100周年，习近平总书记说："中国共产党立志于中华民族千秋伟业，百年恰是风华正茂。"何其有幸，能够在风华正茂的年纪为自己留下实实在在的爱国"胎记"。我相信，疫情终将过去，"阅兵腿"和那些勒痕都会褪去，但是这两段珍贵的记忆所激发出的意志和能力是矢志不渝的。我会承载着居民们对美好生活的无限期盼，保持爱国初心和军人本色，为小红门乡做出无悔青春的贡献！

最后，向全体奋战在抗"疫"一线的社区工作者致敬！

**延伸阅读**

　　庆祝中华人民共和国成立 70 周年阅兵式是 2019 年 10 月 1 日为庆祝中华人民共和国成立 70 周年而开展的众多庆祝活动中一项重要活动。阅兵式的全体受阅官兵由人民解放军、武警部队和民兵预备役部队约 15000 名官兵、580 台（套）装备组成的 15 个徒步方队、32 个装备方队；陆、海、空航空兵 160 余架战机，组成 12 个空中梯队。

　　庆祝中华人民共和国成立 70 周年阅兵式彰显了中华民族从站起来、富起来迈向强起来的雄心壮志。阅兵式规模之大、装备类型之全均创历史之最，编组之新、要素之全彰显强军成就。装备方阵堪称"强军利刃""强国之盾"，见证着人民军队迈向世界一流军队的坚定步伐。

宣讲人 墨斯斯 | 小红门乡中海城社区社工

# 为了万家灯火，我愿负重前行

　　万家灯火辞旧岁，阖家团圆迎新春，在除夕佳节与家人欢聚一堂，是所有人的愿望。2020年春节，新冠疫情打破了喜庆祥和的节日氛围，为加强疫情防控工作，保障人民群众的身体健康与生命安全，全国上下齐心抗疫，千千万万的逆行者加入到了抗疫战斗中。

　　从来都没有从天而降的英雄，只有挺身而出的凡人。疫情暴发初期，社区是疫情防控的第一条防线，也是战胜疫情的中坚力量。无数社区工作者勇敢守护着自己的家园，他们是逆流而上无畏的"逆行者"，他们是肩并肩手拉手为大家建起安心防线的"守护者"，他们是这场没有硝烟的战争中不分昼夜坚守岗位的"战士"，他们是万家灯火温情的底色。除夕前夜，小红门乡中海城社区仅用90秒就完成了一次集结……

　　90秒的时间能做什么？可能有人说，90秒可以读完一篇短文章，或者编辑一条朋友圈、做20个俯卧撑，而中海城社区恰恰用了90

秒的时间，完成了一次史无前例的集结。

　　大年二十九凌晨，我和家人一边准备着年夜饭的食材，一边商量着过年的事宜，这时我的手机突然响了，我心想这么晚可能是垃圾短信，就有一搭无一搭地拿起了手机。"各位同事，打扰大家了！近期疫情蔓延，为了保护社区居民的生命安全，中海城社区要立即启动紧急预案……"虽然接到通知的时候已经是夜里一点钟，出乎意料的是，90 秒内中海城社区全体工作人员全部在群里进行了回复，

无一人请假。就这样，我放下了刚要穿上的睡衣，拿起了厚厚的羽绒服，直奔社区而去，而那时的我还不知道，这次的任务到底有多么艰巨。

## 第一次吃了一整碗没有温度的方便面

　　随后的日子里，检查出入证、为居民测量体温等成了我的日常工作。这些工作听起来简单，但做起来才知道其中的不易。记得那

是我第一次上晚班，天空中一直飘着雪花，我站在岗位上一边检查出入证，一边提醒居民要注意脚下，小心滑倒。就在我口干舌燥的时候，同事说，你歇会去吧，吃口饭，我替你盯着。于是我打开了一包泡面，刚放完调料包，倒热水时，突然听见我们站点边上的围栏有重物落地的声音，我赶快放下水壶，跑过去一看，几个快递包裹散落在地，一个年轻男子正试图翻越围栏。经过询问得知，这位男子是一名快递员，之所以违反规定翻越栅栏，是因为收件人腿脚不便，拜托他一定要送货上门。得知这个情况后，我略带怀疑地询问了对方的地址，并带着快递前往这户居民的家中。到达门口后，我轻轻敲了几下门，屋内传出应答声，但是过了好久才将门打开。开门的是一位拄着拐杖的阿姨，看我给她送来了快递，阿姨眼眶有些湿润并连忙向我道谢，原来阿姨过年时崴了脚，走路特别不方便，这才拜托快递小哥给她送货上门。虽然与阿姨的交流很简短，但却

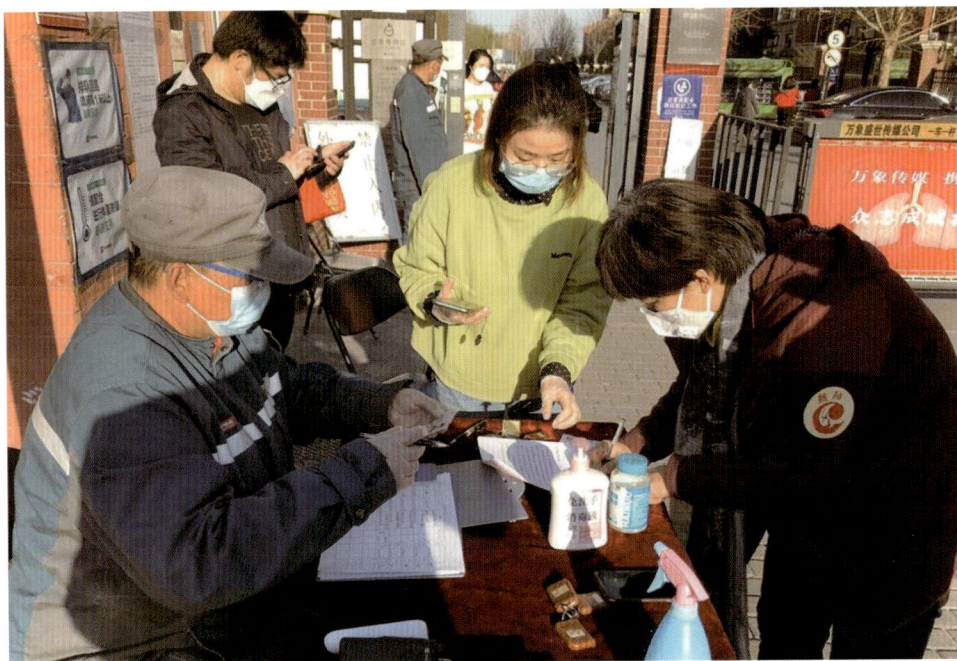

让我看到了社区封闭给居民生活带来的困扰。回到站点，我拨通了快递员的电话，告知他刚才的事情，让他放心。而这时我才发现之前泡的那碗面，已经全无温度，甚至结上了冰碴。像这种吃不上饭的情况我们经常遇到，虽然内心有些委屈，但一想到我们通过自己的努力为居民解决了问题，心里还是非常温暖。

为了彻底解决快递问题，中海城社区成立了"物流"小分队，彻底为不便行走的特殊人群解决了取送快递外卖的难题。这时，我们遇到了更大的困扰。由于疫情来得太突然，工作人员的防护设备，像口罩、酒精等出现短缺，我们时刻紧盯着各大网购平台的防疫物资销售信息，每天都像过"双11"一样，不停地下单。组里的男同事们更是成立了采办小分队，利用下班时间，以社区为轴心，把周边的药店、超市进行地毯式"扫荡"，终于囤积了一批防护物资，就在大家觉得心里有底的时候，社区大门突然被敲响了。

### 一批特殊的防护用具，见证了为民服务的赤子之心

那天上午恰巧我在社区值班，几位社区居民来到居委会，向苏书记反映，他们不会网购，平时出行也不方便，所以想找居委会购买一些防疫物资。一位居民代表从包里掏出一个信封说："我们不白要，这是我们凑的钱，希望能帮忙采购。"听到居民们反映的情况，我的心颤动了一下，对于工作人员来说，刚刚采买来的口罩、消毒液就是我们手里的枪、身前的盾，这个时候物资不足，就是冒着生命危险挺在前线。

面对居民们的实际困难，苏书记却没有多想，立刻决定将手头的防疫物资优先分配给这些年长的居民们。居民走后，苏书记对我

们说："在特殊时期，抗击疫情，为居民排忧解难，是我们工作的初心，如果居民身体健康受到威胁，那我们每天起早贪黑、24小时不间断的疫情防控工作就失去了全部意义。希望大家能理解我做出的决定，未来的日子我们要共克时艰，挺过这段最难的日子，保护好自己，更要守护好我们身后的百姓！"听完苏书记的一席话，我的内心深感惭愧。在危急时刻，我更应该把群众的利益放在首位。把物资发放给需要的百姓后，我们也开动脑筋，自己动手制作防护用具，将雨衣、零碎布料甚至是泡面桶，加工改造成了临时"战甲"，度过了一段艰难的岁月。

## 连夜奔波只为守护居民的生命健康

时间进入到四月份，国内疫情有所缓解，但是大洋彼岸的欧美国家又接连暴发了大规模感染事件，很多身在海外的同胞都受到了

疫情的威胁。居民叶亚鑫老夫妇长期定居的瑞士是疫情的高发区之一。就在叶老觉得走投无路时，祖国向他们敞开了怀抱。

历尽艰险返回国内后，叶老夫妇先是进入了集中隔离观察区，观察了一个周期后，他们才坐上了回家的专车，到家已是凌晨三点。他们捏着一沓手续、证明和单据，心想这么晚了，恐怕没有工作人员能帮他们做转运工作。结果到达小区门口，两位穿着全套白色防护服的工作人员就在凛冽的寒风中向他们招手，老夫妇心中的激动之情无以复加。车门打开，同事和我忙搀扶着两位老人下车，他们攥紧我们的手，一声声感谢道不尽心中的担忧、愧疚、激动。

随后我们便护送两位老人回到家中，到家后我们发现因为长时间无人居住，家里已经没有能吃的食物，我赶紧回社区居委会抽调了一箱方便面、一箱矿泉水以及消毒液等物资送到老人家中。叶亚鑫老人有心脏病史，居家隔离的14天里，我几乎每天都会和老夫妇通电话，为他们送去必要的药品和物资。让我特别感动的是，每次叶老在挂断电话前，都会激动地说："没想到你们对我们这么好，真是辛苦你们了！感谢社区！感谢祖国！"

从春节到现在，对我而言就像是参与了一场电影拍摄，90秒的集结号把平凡的我拉入了另一个世界，让我也做了一回荧幕上的"超级英雄"，和我的同事们组成了"社区守护者联盟"。工作虽然辛苦，但为了万家灯火，总要有人负重前行。疫情防控，让我重新找到了奋斗意义。虽然2020年以一种完全不同的姿态"开场"，虽然疫情还未走远，但我坚信，无论疫情防控持续到何时，我们都将以尽责、奋斗、奉献的精神，去守护我们的家园。

宣讲人　郭正开 ｜ 小红门乡宣传科科员

# 编辑部的故事

1992 年，现象级电视剧《编辑部的故事》上映播出，这部京味十足的电视剧一经播出就红遍大江南北，诙谐幽默、辛辣讽刺的风格让人忍俊不禁。电视机前的观众朋友们与人间指南编辑部里的六位编辑一同开展了一场社会奇遇记。那时，人们对于编辑部的工作内容还知之甚少，这部由葛优、吕丽萍等人出演的经典剧集将编辑部推向人群。

在小红门乡，也有这样一个充满爱与关怀的编辑部，与之不同的是，编辑部里的每一位人员都是身兼数职，解读防疫政策、宣传防疫知识、负责转运工作、维护核酸检测秩序……逆境使人成长，疫情是危机亦是考验，新冠疫情使小红门乡的郭正开从初出茅庐的大学生成长为一名独当一面的骨干力量。其中的艰辛与不易、感动与收获使他久久不能忘怀……

2019 年 8 月 1 日建军节那天，我结束了两年的军旅生涯，在返校顺利拿到大学毕业证后来到了小红门乡。我本是一个粗糙的人，

从没想过有一天会坐在办公桌前认认真真地写文章、写信息，这一切的改变，都要从我进入宣传科说起。

## 2020 年的冬天是灰色的，像过了一辈子那么长

新冠肺炎疫情在武汉暴发后，小红门乡政府第一时间对防控工作进行部署安排。大年初一，所有工作人员放弃节假日休息，全员上岗。疫情当前，宣传科作为连接居民和政府的桥梁，需要担负起疫情防控知识的宣传教育和正确的舆论引导工作，在殷晓兵副书记的带领下，我们以"小红门视窗"微信公众号为平台，通过电话、海报等多种方式对疫情相关的知识和政策进行宣传解读。疫情来得突然，科室大多数都是新人，很多工作都是第一次做，遇到不懂的或者难以处理的，大家群策群力，一起寻求解决办法。

那段时间所有人的压力都很大，为了向居民传递最及时的信息，我们每天都紧绷着神经。有时候任务紧急，为了更好地完成工作，

我常常24小时驻守在办公室，困了就搭个"椅子床"睡会，醒来后继续战斗。时间紧，任务重，回家对于我们来说成了一件特别奢侈的事。我清楚地记得那天是大年初四，同事磊哥直到上午11点多才匆匆赶回办公室，满脸写着憔悴与不安，虽然工作一项接着一项，但他还是沉着冷静地应对着。晚上8点，当我们把全部工作都完成，准备吃点泡面时，我看到磊哥的手机突然不停地响，来电显示是他的妻子。等他打完热水回来，赶紧回过去，电话那头却显示已经关机。放下电话后，一向乐观的磊哥正低着头默默流泪。后来我们才知道，初三晚上他的妻子作为北京佑安医院的医务工作者接到了上级通知，要火速奔赴疫情防控前线，那个电话是妻子在封闭前的最后来电，他却没有接到。他们夫妻俩虽然相隔两地，却在不同的战场各自为战，每当看到磊哥在紧要关头挺身而出时，我都会更加坚定战"疫"的决心和义无反顾战胜困难的勇气。

## 那是我人生中第一次穿防护服，很轻也很重

春天，是希望的季节，也是一场漫长的等待。4月8日0点整，武汉正式解除离鄂通道管控，被按下暂停键的武汉，经历风雨后终

于守得云开见月明。为做好湖北返京人员工作，我被临时调到了转运组，接到通知后，我把手头工作和同事进行了交接，临行前，我给父母打了个电话，告诉他们因为工作原因，我可能近段时间都没办法回家了，让他们照顾好自己的身体。

4月26日下午5点，我坐上了开往朝阳公园的转运车，上车的一刹那，浓厚的消毒酒精味顿时充满鼻腔。当看到车内贴得严严实实的隔离塑料薄膜时，我一下子紧张了起来。到达目的地后，已经负责转运工作一段时间的果哥递来一套防护服并坚定地对我说："我们一定要让自己先稳定下来，努力做好并完成每一个流程，只有这样才能护送湖北省返京人员平安回家，配合各村、社区做好返京人员居家观察工作。转运工作关乎所有人的健康安全，不允许有任何疏忽。"我接过防护服穿在身上，那一刻，突然明白了这身衣服背后的意义。

当天晚上7点，湖北返京人员顺利抵达朝阳公园，按照要求，我们对居民的身份信息进行核实。15分钟后，我们快速完成登记，并对行李进行消毒，然后有序引导大家上车。为防止交叉感染，车上的座位都相互隔开，为了缓解返京人员的疲劳与担忧，转运组特意为每人准备了爱心大礼包，有消毒纸巾、矿泉水以及小零食，我们把容易晕车的居民安排在靠窗的位置后就正式发车了。那天最后一位下车的居民是一位大约70岁的老奶奶，她大包小包带了好几箱"土特产"，我赶紧走上前，从老人手里接过行李，老奶奶和我讲："儿子媳妇上班忙，这次来北京是为了照顾马上要参加高考的孙子，真要谢谢乡里的工作人员一路护送我回家，不然真不知道该怎么办好。"那天转运完成回到出租房已是凌晨两点，我躺在床上，脑海里全是这一天发生的一幕幕，我想我永远都不会忘记，这是我人生中第一次穿防护服，很轻也很重。

从那以后，在转运组组长李宝义和隔离组组长张威两位科长的带领下，我和战友们每天都坚守在朝阳公园，公园里人来人往，符合居家观察条件的，将其护送到各村、社区，不符合条件的，将其护送到指定酒店进行观察。每接到一位返京居民，我们都会尽最大努力完成护送任务，让其平安回家。拖着拉杆箱的年轻人、提着大包小包的老年人、带着孩子的父母，在这期间，我遇到了很多人，也见证了一次又一次的团聚重逢，病毒虽然可怕，却也让陪伴变得难能可贵。

## 平凡岗位上的英雄激励着我勇往直前

6月16日晚，北京市新型冠状病毒肺炎疫情防控工作第121场新闻发布会宣布，北京疫情防控形势十分严峻，经研究决定，6月16日即时起，北京市突发公共卫生事件相应级别调整至二级。6月23日，小红门乡在全乡范围内开展全员核酸检测。疫情就是命令，为了真实地记录核酸检测瞬间，宣传科所有人都站在了离检测点最近的地方，争取用镜头和手中的笔向居民们讲述最动人的故事。乡内共设立了三个采样点位，检测现场有登记信息的，有引导排队的，人手十分紧缺，这时在各个点位上拍照的我们就成了全能型选手。让我印象最深刻的就是同事方欣彤，为了做好宣传工作，她开着私家车载着我们在三个点位上来回奔波。盛夏的天气十分炎热，有的工作人员身体吃不消，方姐就主动上前帮忙登记居民信息，让她们休息一会，自己却来不及做任何防护；有的居民没有智能手机，无法进行扫码登记操作，她就立即掏出自己的手机，仔细询问居民的个人信息，为后续的咽拭子采样做好准备；为了引导居民有序排队，缓解紧张情绪，她还将印着爱心的温馨提示贴在所有居民能看得到的地方。烈日下，汗水虽然浸湿衣衫，可她的脸上却一直挂着笑容，一遍又一遍地提醒大家做好防护、有序排队。全面核酸检测期间，

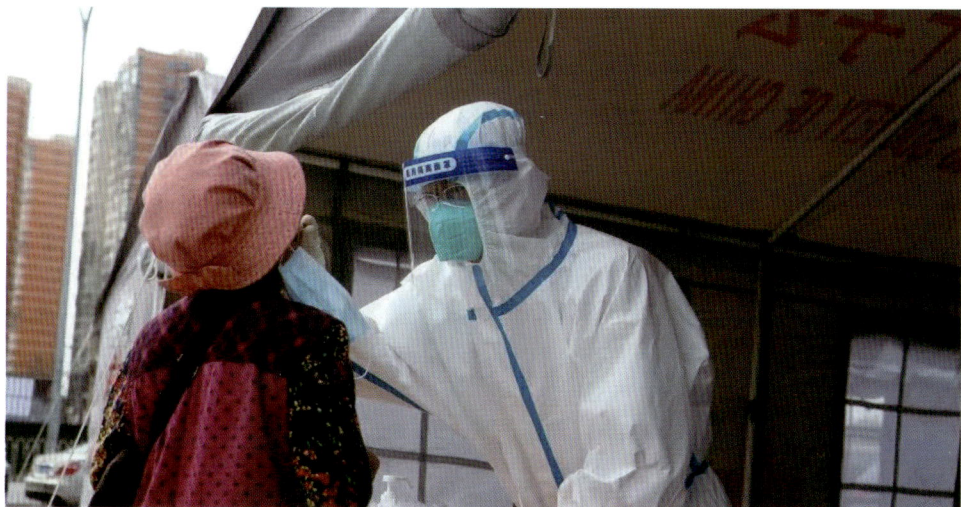

为了将最新的政策信息传递给居民，我们宣传科所有人几乎凌晨才能回家。因为长时间的暴晒和熬夜，让方姐的免疫系统出现了问题，全身起满了皮疹，身体的不适没有阻挡她的脚步，她坚持和我们所有人一起，不分昼夜地奋战在疫情防控的最前线。病毒虽然可怕，但我相信，没有战胜不了的困难，只要所有人的汗水汇集在一起，就可以形成一股磅礴的力量，只要大家拧成一股绳，就一定能取得疫情防控阻击战的胜利。

通过不懈努力，全国疫情形势持续稳定向好，这份岁月静好的背后有太多人负重前行。无数医务工作者、志愿者、社区工作者、职能部门的工作人员冲锋在前，他们迎着病毒而上，用勇气、用知识、用汗水，甚至用生命守护我们。为生命而战，他们闪烁微光、汇聚繁星，带我们穿越凛冬和悲伤，传递温暖和光明。面对来势汹汹的病毒，正是因为有了爱，才让世界拥有了力量。一个久别重逢的拥抱，一段与家人的朝夕相伴，爱有很多种，为了记录这份爱，我将继续努力，不断前行，让爱的种子撒播在更多人的心里。

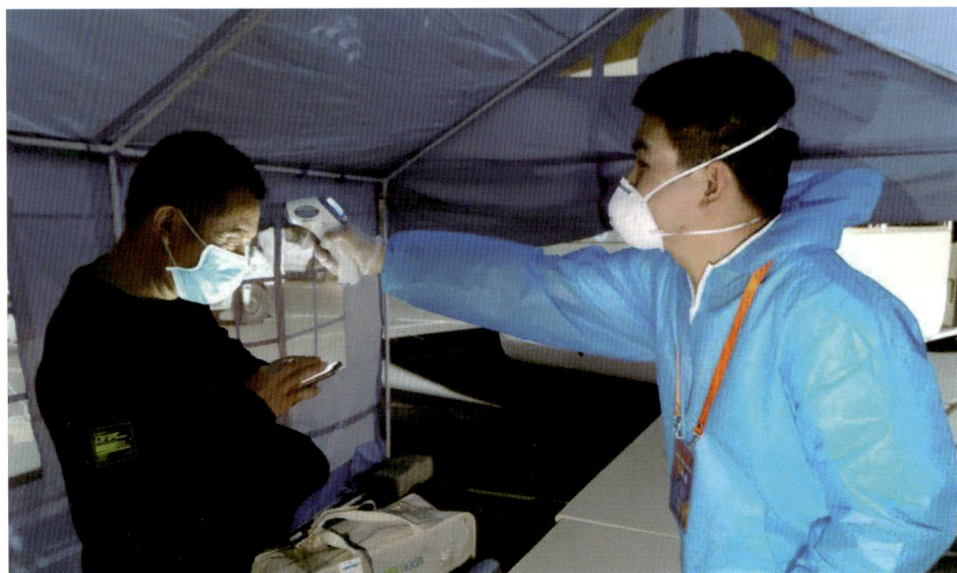

# 战"疫"一线显担当

2020 年伊始，新冠肺炎疫情席卷中华大地。这次疫情是新中国成立以来我国遭遇的传播速度最快、感染范围最广、防控难度最大的一次重大突发公共卫生事件。

小红门乡党委、政府迅速反应，积极应对，坚决贯彻落实市、区决策部署，切实做好疫情防控各项工作，保障人民群众的生命健康和财产安全。全体工作人员在春节假期间恪尽职守，奋战在防控疫情的第一线。

乡党委多次召开防疫工作专题会议，对全乡疫情防控工作进行部署。党委书记王小红、乡长闫博带队，各处级领导分别下沉至辖区内各村、社区，联同包村、包社区干部及本单位工作人员，全力投入到疫情防控工作中。

各单位按照网格化包片管理要求，将工作任务细化到点、明确到岗，设立疫情防控工作专班。社区党员干部、社区民警、物业工作人员、社区居民等各方力量参与到疫情防控工作中。各村、社区实行 24 小时值守制，对外地返京人员进行登记并测量体温，保证后续实现动态追踪，同时发放《致居民的一封信》等宣传材料，各村、社区内每天不定时进行反复消毒。

各职能部门及企事业单位对辖区内的企业、工地、搅拌站、加油站、宿舍、郊野公园等重要点位开展了相应的防疫工作，工作人员们通过入户排查，逐一将各企业返京人员的实际情况进行了解、登记，并对登记人员进行了宣传培训。

为了保障乡内百姓游园安全，两大郊野公园的工作人员加大了园区内的防疫力度，在公园出入口设置体温测量点，一天多次对园内长椅、健身器材、垃圾桶进行消毒，公共卫生间均按要求全部用消毒液进行喷洒、擦拭。

面对疫情，全乡上下同舟共济，众志成城，严格落实市、区两级的各项疫情防控措施，最终，我们也打赢了一场又一场疫情防控的阻击战，保护了全乡百姓的健康与安全。

**延伸阅读**

　　2020 年 6 月 23 日是一个值得铭记的日子。在这一天，小红门乡第一次开展了全乡范围内的核酸检测工作。当天下午 2 点，鸿博公园核酸检测采样点迎来了第一批检测居民，在工作人员的引导下，大家在入口处测温并有序排队，登记个人信息，扫描条形码后，领取试剂盒，并以组为单位分散在各个通道进行咽拭子检测。在采样区域内，工作人员 24 小时不间断地进行消毒液喷洒，不留死角，不留盲区，保证环境安全。核酸检测采样现场设置了遮阳棚、隔离栏、警戒线、"一米线"、引导标识等一系列防疫设施，有效保障了辖区居民采样安全。

　　为了以最快的速度完成居民采样工作，赢得宝贵的防控时间，小红门乡全体机关干部，部分村、社区及集体企业工作人员坚守在战"疫"一线，为居民登记信息，维护现场秩序，进行多方协调，全力做好服务保障等工作。采样工作从白天持续到深夜，早已疲倦不堪的身体和已然湿透的衣衫丝毫没有阻挡他们坚守的脚步，深深的口罩勒痕印在晒得黑红黑红的脸上，成为夜空里一道道最美的星光。

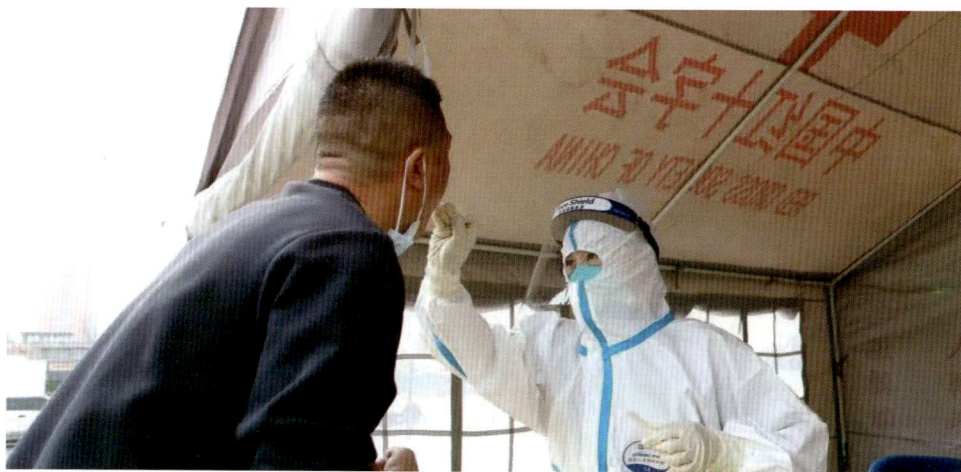

宣讲人 | 路 蕊 | 小红门乡疫情防控数据组工作人员

# 我在数据组的那段日子

社区工作者在风雨中坚持工作的身影牵动着地区每一名百姓的心，他们脸上的压痕湿润了无数人的双眼，在疫情防控阻击战中，每个人都竭尽全力。

但是在这场没有硝烟的"战争"中，有这样一群人，他们不在一线，但昼夜忙碌；他们不直面疫情，却关乎大局。他们没有走到台前，却对疫情防控工作发挥着至关重要的作用。他们就是"数字防线"上的隐形卫士——疫情防控数据组。

7x24 小时全天候在线，与时间赛跑，用数据逆行，数据工作组是防疫工作中不可忽视的枢纽。在这条看不见的战线上，他们日夜坚守，顽强拼搏，用数据为居民群众织起一张牢不可破的疫情防控网。

"您好，我是乡防疫办数据组的工作人员，请问您最近过风险地区吗？"疫情高发时，这样的话语，小红门乡防疫办数据组的工作人员每天都要重复上百遍。

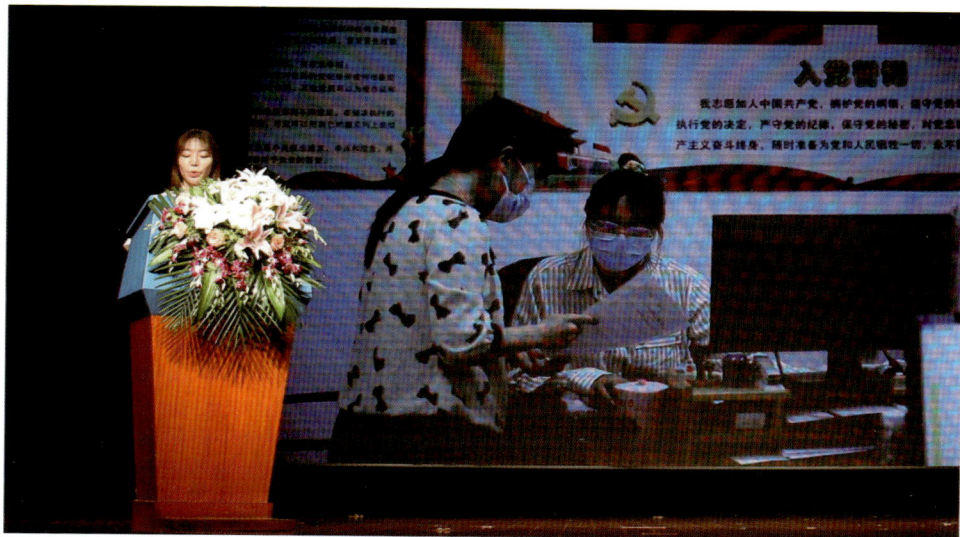

　　我是小红门乡新冠肺炎防疫工作数据组的一名普通工作人员。听到"防疫"两个字，大家的脑海里印象最深的应该是春节期间的万人空巷、抗疫英雄的最美背影等这些发生在身边的一幕幕场景，而令我最难忘的则是我们防疫数据组的"战友"们脸上深深的压痕、疲惫的神态以及坚毅的目光！春节前，我和大多数人一样，采购好年货，准备和家人一起过个团圆年。腊月二十九那天，我接到上级紧急通知，新冠肺炎疫情在武汉暴发，乡内全体工作人员停止休假，返回到岗位上。下午四点，我离开父母，踏上了战"疫"的征途。

## 通力协作，彰显小红门速度

　　为有效应对新冠肺炎疫情，小红门乡成立防疫办，各职能部门全员加入战斗，打响疫情防控阻击战。疫情之初，作为防疫办临时数据组的一员，为全力确保居民的健康安全，我与战友每天要完成全系统11个单位的信息数据排查上报工作，截至目前，全乡已经排查了近53000余人的相关信息。每一个数据的背后都要经过准确核实，不能出现任何差错，这让我们的神经时刻处于紧绷状态。数据统计难度大，一旦接到"自上而下"或"自下而上"的名单，我们必须第一时间将居民的信息统计准确，特别是湖北省返京人员情况，为各村、社区安排居家医学观察提供最精准的信息，确保相关人员都能在管控当中。

还记得我们共同工作的第一天，大家匆匆忙忙地搬着电脑来到了同一个办公室，疫情初期的数据量庞大复杂，数据组工作人员要在最短的时间掌握乡域内疫情数据的特点，找到最快最好的捷径，保证数据先行，以便辅助管控工作的顺利开展，为防疫工作奠定基础。

大家意识到数据工作时间紧任务急，第一次见面的同事也顾不上过多介绍自己，迅速埋头钻进电脑进入工作状态，分析自己手中的数据特点。通过数据员们不停讨论，以及无数次的尝试再推翻，终于有了一个初步的操作流程，大家也逐渐熟络了起来。但这一"埋头"竟然连晚饭都忘了吃，离开单位时已经过了深夜 12 点。我清楚地记得当时分开前我们说的最后一句话是"回家继续"！当时我们互相连名字还没认全，油然而生的使命感让我们默默拧成了一股绳，互相勉励，为同一个目标共同奋战。

## 全力奋战，不漏一人一项

3 月 25 日，首批离鄂人员乘坐专列返京，数据组需要根据专列上的返京人员到达社区的时间，配合管控组对相关人员的数据信息进行实时维护。每天从武汉返京的车次有很多趟，我们常常要忙到凌晨三四点才能完成任务。疫情防控形势渐渐好转，各地开始复产复工，数据组的成员既要兼顾本职工作，又要将每日下发数据进行实时维护。6 月 13 日晚上 8 点多，我刚下班回到家里，正准备睡觉，手机突然响个不停，一看原来是区里紧急下发了一张几百人的名单，要对去过新发地的相关人员进行核实。疫情就是命令，容不得有半点犹豫和疏忽，数据组所有人立即响应，对照着名单上的信息逐个致电询问。"您好，我是小红门乡防疫办数据组的工作人员，请问您最近有去过新发地吗？""没有啊，那太好了，可以问一下您的身份信息和家庭住址吗？""好的，那您最近一定要少出门，做好防护，谢谢您的配合！"在各村、社区数据组的配合下，经过连续奋战，我们终于完成了下发名单全部数据的核对和反馈。结束后我躺在床上，能清晰地听见自己的心跳声。我想，待疫情解除，一定要好好睡一觉。

疫情期间，作为数据组的一员，我们虽然没有像医生那样穿着防护服与病毒搏斗，也没有像社区工作人员那样经受风吹雨淋，站

在疫情防控的最前线，但我们都很荣幸，能够奉献自己的微薄之力为疫情防控做出贡献。由于下发数据的不确定性，数据组工作人员的手机每天都要保持 24 小时开机，有人更是专门负责紧盯工作群里的消息，一旦区里下发数据，我们所有人就像打了鸡血一样，加入战斗之中。有些居民提供的信息不准确，导致各村、社区报上来的信息和区里下发的名单有一些出入，数据常常是改了又改，待全部合格后才会上报。那段日子，我常常在梦里都是各种数据统计，惊醒之后，便是一夜无眠。我告诉自己，只要疫情还没结束，就绝不能退缩。

## ▲ 舍小家顾大家，发挥奉献精神

工作虽然忙碌，但无论何时何地李华主任都会陪在我们身边。作为科教文体办的主任，她除了需要协调各方，对疫情防控工作进行部署和安排，还要对每天的人员统计结果进行分析和上报，自1月23日到现在，无论遇到什么困难，我们都会去找李主任，她就像定海神针一样带领大家团结在一起，义无反顾，冲锋在前。疫情发生后，每天工作实在太忙了，我们所有人整日整夜战斗在一起，减少了很多与家人欢聚的时间。每天早上离开家时，我甚至听不清楚父母对我说的话，就匆匆上班了。晚上，无论我多晚回家，他们都会坐在沙发上等我，看到我回来才去安心睡觉。数据组里有两个姐姐之前被派到外地，本来要休假的，可是因为疫情防控需要，毅然选择放弃假期，和我们所有人战斗在一起；还有的同事家里孩子小，忙起来常常见不着面，同事和我说，最忙的那段时间，每天下班后，她就把自己单独关在一个屋子里，尽量不与孩子见面，不仅是怕孩子打扰自己的工作，也害怕这一见就再也离不开了；有位同事是刚毕业的大学生，从年初加入数据组后就再也没有回过家，她说如果能休息一天的话，一定要回家看看爸爸妈妈。我想着疫情结束后，一定要好好和父母说说话，不要再让他们为我担心。

　　新冠疫情来势汹汹，将所有人都打了个措手不及，幸而我们国家行动迅速，及时应对。灾难来袭，没有人会是孤岛。在病毒面前，每个人都变成了战士：不幸被传染并与病毒搏斗的患者、每天冒着危险进行转运和服务密切接触者的工作人员、挺身而出奉献力量的志愿者，甚至"待在家里不出门也是战斗"的自我隔离者……他们都参加了这场保卫战，见证了这场保卫战，正是因为有了他们，所以我们不怕，正是因为有了他们，所以我们相信。他们的存在，让我们有了打赢这场"战争"的信心和勇气。这段时间，有关疫情的好消息源源不断地传来，一切都在向更好的方向发展。滴涓细流汇成大爱，我们相信，疫情过后，一定会是更加美好的明天。

宣讲人 ｜ 曹 璐 ｜ 小红门卫生服务中心保健科医生

# 健康所系，生命相托

战"疫"路上，医务工作者白衣为甲，冲锋"疫"线，逆行奋战，坚守在疫情防控区，行走于核酸采样点，与病毒作战，护一方安康，用自己的生命健康筑起疫情防控的坚实防线，体现了敬佑生命、救死扶伤、甘于奉献、大爱无疆的职业精神。一批批医疗队、一架架运输机，在中华大地上书写了"一方有难，八方支援"的传奇。

苟利国家生死以，岂因祸福趋避之。在这场没有硝烟的战斗中，医务工作者承受着难以想象的身体和心理压力，但是他们不能退、不能怕，因为身后是需要自己守护的人民百姓。在大是大非面前，医务工作者毫不犹豫冲锋在前，舍弃小家保全大家，义无反顾投身防疫一线，出生入死，无怨无悔。他们是白衣天使，是人民战士，更是中华民族打赢疫情阻击战的自信和底气！

作为一名保健科医生，平日里我和大多数同事一样，过着忙碌而又平淡的生活。但是俗话说得好，有波涛的地方，必会有风浪，

只是让我没有想到的是，这股风浪来得如此之险、如此之急。2020年春节前夕，新冠肺炎疫情突然间在武汉地区蔓延，随后便席卷了全中国。

疫情发生后，作为一名医务工作者，我们要做的事情实在是太多太多了，诊断病人、核酸采样、密切接触者的转运协调、联系防疫相关各方，今天我非常有幸能和大家分享这几个月来的心路历程。

## 临危授命，彰显责任担当

疫情暴发后，作为医护人员，我们紧急接受了核酸检测培训。其实核酸检测相对简单快捷，一般经过几次练习后，就可以准确无误地为病人检测，但即便如此，第一次做检测工作时，还是让我心有余悸。1月22日，我接到疾控中心通知，地区一位居民从湖北返京，需要到居民家中了解情况，并为他进行核酸检测。当天下午，我和同事来到返京居民家中，一进门我就觉得这位居民的精神状态不太好，他双眼通红，显得有些疲惫，就在我心里有些迟疑的时候，他突然咳嗽了几声，当时我的心真是提到了嗓子眼。通过沟通我们得知，这位居民是从湖北与其他省交界地区返京的，虽然离武汉较远，但是对病毒的恐惧却丝毫没有减弱。从返京至今，他都没有吃过一顿踏实饭，睡过一个完整觉。看到我们来，他才放心一些。听到他的一番话，我真的感觉自己离病毒仅有一尺之遥。虽然提前培训过核酸检测，但实际操作时我才发现理论和实践所存在的差距。冬天天气寒冷，护目镜上的水汽让人看不大清采样的部位，医用手套也让采样的力度变得更加难以掌握。最终经过几次尝试，我才完成了采样。结束检测后，回到中心已经是晚上9点多，为了保险起见我和同事没有回家，我们立即对采样试子进行了解析，把培养皿放到仪器后，又找来了体温计，互相测量了体温。看到体温计上显示温度正常，我悬着的心才踏实了一半。最终采样的那位居民核酸检测结果也为阴性，看到检测结果我长舒了一口气。

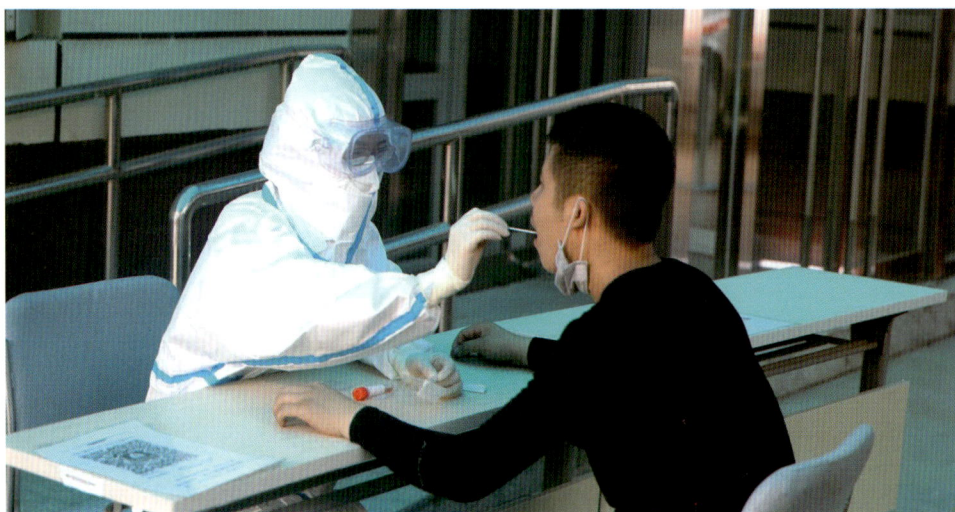

# 以心换心，获取群众信任

　　为了方便工作，我和丈夫把三岁的儿子交给家中的父母照顾。除夕那天下午5点多，丈夫来接我下班，我怕中心有什么急事，就在楼下又守了一个多小时。在车里等待聊天时，丈夫和我说："这两天孩子老是问妈妈去哪了，为什么还不回家？我就告诉他，妈妈是去打'怪兽'了。不知是不是感觉到了什么，儿子摇了摇头，嘴上说妈妈不去，不去打'怪兽'，说完孩子就大哭了起来。"听完丈夫的话，我的眼眶一下就红了。其实，我也舍不得孩子，初为人母，我多想挤出一点时间和他共同成长，可是没有办法，疫情当前，作为一名医务工作者，守护百姓的健康是我的职责和使命，这是一场战斗，一旦上了战场就没有退路。

　　除了要对返京人员进行核酸采样，我们还要不间断地给居民打电话，做发热人员排查。为了方便处理紧急情况，我的私人手机号每天都会在社区的大喇叭里进行播报。那段时间，居民不分昼夜地给我打电话，有人不了解情况，甚至半夜问我停车场在哪？正月十五那天，我们要去返京人员家里进行咽拭子采样并为居民送去一些预防流感的中草药，有些居民很感谢我们，还为此发了朋友圈。那一刻我突然发现，原来我们的努力，有很多人看到了。

　　后来，我又负责了密接人员的健康管理工作。为了及时了解他们的健康状况，同时不打扰他们休息，我们每天都会等到早上9点半以后才给居民打电话。有一天，电话刚接通，居民突然朝我喊道："才几点你们就给我打电话。"恶劣的语气让我顿时有点绷不住了，情绪几乎到了崩溃的边缘。疫情发生以来，为了守护居民的身体健康，我们几乎所有人都时刻绷紧脑子里的那根弦，平均每天睡眠不足五个小时，每一步都格外小心，每一次的守候都承受着巨大的压力。我们穿着防护服要连续工作八个小时，为了节约本来就不多的防护用品，甚至选择少吃饭、少喝水，减少上厕所的次数，为了大家的生命健康，我们已经竭尽全力，为什么却换不来理解与支持？

中午我给丈夫打了个电话，由于工作繁忙，我们很长时间都没好好交流过了。每天即使下班回到家，我仍在不断地在打电话、做总结，协调各方，一直都是丈夫在照顾孩子、照顾这个家，为了让我在"战场"上没有后顾之忧，他给了我最大的支持与理解。在电话里，丈夫让我先冷静下来，尝试换位思考，如果我是密切接触者可能也会害怕、紧张，甚至会情绪激动。慢慢地，我开始理解居民的心情。调整好状态后，下午3点，我又给那位居民打了个电话，在电话里我仔细和他讲解相关的政策和原因，让他相信医学的力量，半个多小时后，居民终于开始理解我们并表示会配合我们的工作。挂断电话，心里终于踏实下来，我觉得这是我的使命，也是我的荣幸。

## 执甲逆行，诠释医者本色

新发地疫情发生后，按照"应检尽检"原则，北京对重点人群统一开展核酸检测，30多度高温下，我们所有人都全副武装，检测完成时就像跑了一场马拉松，衣服都能拧出水来，脸上都是压出来的痕迹，汗流到嘴里像海水一样咸。为了一线人员的身体健康，负责后勤的同事每天都会熬绿豆汤来给大家消暑降温，我与同事们互相鼓励，在彼此的防护服上相互写满了加油的话语。虽然很艰难，但没有一个人退缩，因为在穿上白大褂的第一天起，我们就已经做好准备，不讲条件、不怕困难，主动担当，逆行而上，守护群众健康。

健康所系，性命相托，2020年实在是特殊的一年，从医以来，我从没有像现在这样觉得如此荣幸。疫情虽然无情，但是让我们看

到了太多的人间大爱。未来无论发生什么，我都会坚守救死扶伤、守卫健康的从医初心，以大爱铸造医魂，用实际行动诠释新时代医务工作者的使命和担当，让我们团结起来，一起努力，打赢这场没有硝烟的战"疫"。

**延伸阅读**

"沧海横流，方显英雄本色。你们真正做到了救死扶伤、大爱无疆。你们是光明的使者、希望的使者，是最美的天使，是真正的英雄！党和人民感谢你们！"

2020年3月10日，习近平总书记专门赴湖北省武汉市考察疫情防控工作，对奋战在一线的医务工作者给予高度的评价、热情的赞扬，称他（她）们是"新时代最可爱的人"。总书记指出，在湖北和武汉人民遭受疫情打击的关键关头，广大医务工作者坚韧不拔、顽强拼搏、无私奉献，展现了医者仁心的崇高精神，展现了新时代医务工作者的良好形象，感动了中国，感动了世界。当前，疫情蔓延扩散势头已经得到基本遏制，防控形势逐步向好。这是全党全国全社会共同努力、团结奋斗的结果，你们是最大的功臣，党和人民要给你们记头功！

宣讲人　孔　莹｜北京鑫百万大康餐饮管理有限公司经理

# 为别人点燃一盏灯，也会温暖自己的心

2020年年初，突如其来的疫情让人们猝不及防，除了坚守在一线抗击疫情的医护人员和社区工作者外，那些平凡岗位中的普通人也在默默无闻地奉献着自己的力量。他们用拼搏无畏的精神，身体力行感染着身边的人，鼓舞着身边的人，让无私奉献的信念与力量传递下去，让那些徘徊彷徨的人看到前进的方向，让那些蓄势待发的力量得到迸发与升华。

小红门乡各企业勇于担当，慷慨解囊，积极奉献爱心，用点滴善举践行着社会责任。同心战"疫"，他们从不缺席。一份份暖心食物，一份份关怀，让坚守防疫一线的工作者们倍感温暖与激励。他们以实际行动彰显了共同战"疫"的责任感和使命感，为打赢疫情防控阻击战注入强大合力和凝聚力。

## 坚守平凡岗位，成就不凡人生

在鑫百万的这五年时间里，我成长了很多，很大一部分原因是受到老板王光强的影响，在我们眼里，他虽然是平凡的人，但是却始终做着不平凡的事。王总是土生土长的小红门人，疫情期间，他目睹了战斗在疫情防控一线工作人员的辛苦，深受感动。正月十五一大早，王总将公司所有员工召集在一起，和我们说，为了做好疫情防控工作，值守在一线的工作人员常常不能回家，只能用泡面来填饱肚子，作为乡内的餐饮企业，我们也要为疫情防控出一份力，直到疫情结束，直到不需要的那一天。王总说完后，大家都很激动，能为战"疫"出一份力，这是我们所有人的荣幸。

## 同心助力战疫情，爱心馄饨暖人心

冬日北风呼啸，为了能让晚上值守在各村、社区的工作人员吃上热乎乎的馄饨，店里员工每天一大早就开始准备食材，因为担心馄饨变冷，我们就把每份馄饨都尽量多放点汤。王总总是告诉我们，吃在嘴里的一定要是放心的、安全的，所以从备餐、出餐到送餐，我们都严格把关，容不得有一丝马虎，这样才能做出最健康的食品，让防控人员吃得放心。

每次准备好饭菜临出发前，我们都会认真做好消毒，佩戴好口罩，待将所有餐具备好后，准时运出餐厅，装上车，送到各村、社区时，已经是深夜12点多。我清楚地记得有一天夜里雪下得很大，我们快到的时候，远远地看见在门岗值守的工作人员站在雪地里，不时跺着双脚，手里拿着测温枪的他们全身都被雪覆盖住了。此情此景下，我的眼泪一下子就流了出来，他们也都是孩子，也都有父母，却为了我们所有人的健康，舍小家、为大家，毅然坚守在防控的最前线。下车后，看到我们送来了热乎乎的馄饨，工作人员都很开心，虽然所有人都戴着口罩，裹得严严实实的，但是我看到每个人的眼睛里都写满了感谢与感动。那段时间，防控一线的工作人员都称呼我们为小红门乡"最暖馄饨"，说是正因为有了我们这些爱心人士和企

业的暖心举动，才让他们更加坚定了战胜疫情的决心与勇气。其实我们不过是尽了绵薄之力，他们才是挺身向前的"战士"，是他们的奉献为我们筑牢了防疫安全之网。

年初各村、社区防控人手紧缺，每次送馄饨时，我们都会主动为工作人员站会岗，不为别的，就是想让他们能好好吃顿饭，希望我们的夜宵不仅温暖他们的胃，也温暖他们疲惫的心。每天夜里送完夜宵后，回到餐厅已经是凌晨一两点钟，我们赶紧休息一会，第二天继续早起备餐，再忙碌到深夜。这一送就是三个多月，从疫情开始到现在，一天最多送出 90 多份馄饨。疫情防控形势严峻，店内员工目睹了一线工作人员的繁忙与不易，他们坚守一线，挺身站在前沿，在防疫阵地上昼夜拼搏，我们也希望能多为疫情防控做一些努力。所以，当看到工作人员在小区里搬桌子，或者消毒什么的，我们都会赶上前去，帮忙出一份力。他们守护了世界，就让我们来守护他们吧！

## 竭尽所能送关怀，彰显企业社会责任

疫情发生后，店内员工从50人减少到了30人，压力之下，员工数量虽然有所减少，但我们的工资并未减少，仍是每个月4000元起。疫情期间，客流量很少，甚至不够支付房租、水电等，但是王总仍自掏腰包，支付我们的工资。他是个十分善良的人，其实不单是疫情期间，一直以来，他都把我们当成家里人。我记得以前有位年轻的员工家里父亲生病了，听到这个消息后，王总立即给他放了几天假，并拿出一些钱给他，让他给父亲看病。虽然没有三头六臂，但王总却竭尽所能地帮助我们所有人，他常常和我们说，为别人点燃一盏灯，其实也会温暖自己的心灵。

做餐饮行业，常常黑白颠倒，假期无休，疫情期间，甘肃老家的父母每天都会给我打电话，叮嘱我在外面照顾好身体，其实我最担心的还是他们。餐厅里还有很多像我一样的年轻人，为了工作无法回家。或许王总看出了我们的思念与无奈，每当节假日或者员工过生日的时候，他都会为我们做很多好吃的，大家在一起，就像家人一样，度过了很多难忘的时光。这些年，虽然物价在不断上涨，但是餐厅菜单上的价格却始终如一，王总说，价格不重要，重要的是让顾客能吃到可口的饭菜，希望所有人来到店里就像回家一样。

如今疫情防控进入常态化，全国开始复工复产，小红门乡政府大力支持辖区内的餐饮企业，我们在做好疫情防控的同时也通过推出套餐、外卖、发放优惠券等多种方式进行促销，努力寻找商机和自救的办法，目前虽然还处于亏损状态，但是我们相信一切都会越来越好的。这段时间，由于过度劳累，王总心脏病复发住进了医院，即使在病床上，他还是每天打电话叮嘱我们，一定要做好防疫工作，测温、验码、消毒等这些防控措施一个也不能落下，现在乡政府这么大力支持我们餐饮行业，大家一定要好好干，不能辜负所有人的良苦用心。

病毒无情，人间有爱，即使在疫情中需要保持距离，我们的心却前所未有地紧紧相连，因为抗击疫情，我们有共同的责任。在这场防控阻击战中，全国上下每个人都各司其职，将本职工作做到最好，为这个国家奉献着自己的光和热。作为辖区内的企业，我们一定会积极响应号召，在各级党委和政府的领导下，团结协作、攻坚克难、奋力自救，在落实疫情防控各项措施的同时，全力以赴推进复产复工，和所有人一起共同携手，渡过难关！

**延伸阅读**

疫情来临，每个人都不是"局外人"。北京市鑫百万大康餐饮为一线工作人员送暖心馄饨，杭州市戒坛寺巷"23号墙门菜"的郑姐为工作人员提供盒饭，商洛市武斌带领王氏现捞饮食店员工为社区疫情防控工作人员免费送来"爱心午餐"……这样的事例屡见不鲜，在这场没有硝烟的战争中，很多平凡的人却始终在做着不平凡的事，他们活跃在防控一线，用自己的爱心生动诠释了一名普通人的无私奉献和报国为民的坚定信念。在他们的身上，我们看到了力量、责任、担当。

第六章

# 守望·幸福

宣讲人　郝　丽　｜　小红门乡平安建设办公室科员

# 12345，心系你和我

李克强总理在 2020 年 12 月 14 日国务院常务会议上指出："优化政务服务便民热线，使政务服务便民热线接得更快、分得更准、办得更实。"12345 政务服务便民热线是方便快捷为百姓解忧的一条热线，也是以人民为中心、对民情民意的"一号响应"。

群众利益无小事，一枝一叶总关情。小红门乡自开通 12345 便民热线以来，始终坚持"问计于民、问需于民、问政于民"，将服务人民群众作为一切工作的出发点和落脚点，把群众的"心上事"当作"上心事"来办，用心用情用力解决群众"急难愁盼"问题。

群众诉求办理是热线事业的基石，千条万条办好群众诉求是首条。2020 年，小红门乡 12345 接诉即办工作在朝阳区 43 个街乡中取得第一名的成绩。傲人成绩背后，充满了工作人员的汗水与付出……

一阵悦耳动听的铃声，一根短短的电话线，一句浅浅的问候，我在这头，您在那头，我无须见到您的脸，便已先觉察到您心中的万般情。两颗心，连接着情两端，裹挟着你我内心最在意最热切的期盼。刚才的开场白，听起来像是首诗，但其实，这就是我们对于工作的真情实感。

## 听民声察民情，将心比心解难事

　　说到12345便民热线，想必大家都不会陌生。自2019年1月1日起，12345成为北京市"接诉即办"的重要载体。为了解决好接诉即办中的各种问题，小红门乡在充分发挥党建引领的同时，还组建了一支强大的队伍在背后"撸起袖子加油干"。我们的团队成员覆盖小红门乡各地，既有乡政府的干部，也有社区、村及相关单位的工作人员。我作为热线接线员，主要负责记录问题并派单给同事，由他们协同配合解决。接线工作听起来简单，背后却有着很深的学问。

　　记得刚开始负责接线工作时，乡领导问我："你想好了吗？这个工作可不是接接电话那么简单，必须要有一颗为别人着想的心。"

当时我并没有什么深刻的理解，第一天工作时，我接到了一位居民的电话，他不由分说就把我骂了一通，还不给我说话的机会。到现在我都清楚记得，那通电话时长是 5 分 35 秒，那 5 分多钟对我来说就像过了一年那么长。对方挂断电话后，我忍不住哭了起来。领导看到后把我拉到一边对我说："觉得委屈了？当时让你接手这个工作的时候，我就说过一定要有一颗为别人着想的心。今天他在电话里发泄了情绪，这固然不对，但是你不知道他到底经历了什么？遇到了什么样的困难？也许你遇到他的问题，可能会说出更过激的话。"听完领导的话，我才对这份工作有了更加深入的认识，做好 12345 的接线工作，首先就是要做到换位思考，真正理解居民生活中的不易。

后来我鼓起勇气给对方打了回访电话，在沟通中我得知，这位居民住在乡里某国有宿舍，因为历史沿革问题，这三栋楼没有正式接通自来水，导致高层住户经常出现水压不足的情况。了解情况后，我和同事一起来到了居民家，看到实际情况，我特别震惊，一下子就理解了居民的愤怒。只见本就不大的客厅中放着六七个盛水的大盆和水桶，以防高峰期断水。给我打电话的那位老人拉着我的手，神色焦急地说："姑娘，请你们帮帮我吧！我接个水、弯个腰都费劲，老了真是不中用了！"回去的路上，我心里仿佛压了一块千斤重的石头。原以为我是最委屈的人，但是我起码还有水喝，老人家腿脚不方便，喝口热水都费劲，心里的难过可想而知。

当天晚上，我们就在副乡长王军的带领下召开了专项会议，王军亲自协调国有宿舍的负责人、承建公司以及自来水集团的工作人员进行处理，多方人员来到现场进行实地考察。经过近一周的努力，困扰居民的吃水问题总算得到了解决。后来，老先生还专门致电说："咱们乡的领导是好同志，你也是个好姑娘，辛苦你们了！"从这件事以后，我就常提醒自己，作为一名接线员，作为一名人民的公仆，解决百姓遇到的困难是我的工作核心，但是更重要的是要通过这根电话线拉近政府和群众之间的距离，从居民的角度看待问题，分析问题，解决问题，回到"为人民服务"的根上来，才会获得信任和支持。我一定要用自己的行动守护好初心，为居民提供最优质的服务。

正是怀着这样的信念，正是有了一群和我怀揣同样信念的同事，才有了小红门地区 12345 便民热线逐步获得居民信任、满意率不断提升的良好局面。

## 解民困分民忧，主动作为勇担当

去年，我们接到几个居民反映自己家门口漏水的电话。奇怪的是，反应漏水的居民并不住在同一栋楼，但是反应的问题却极为相似。随后，工作人员开展了一次全面细致的排查，发现是部分楼层铺设的管线老化，导致下水管出现裂缝，从而出现渗水的现象。如果不及时处理，后续肯定还会有居民遇到此类问题。

发现问题后，小红门乡充分发挥党建引领作用，乡党委书记王小红第一时间召开会议，与相关人员讨论解决办法。会上，有的同事说，水管的保质期已过，从法律上讲，乡里是没有义务免费为百姓更换的。但随后书记的一席话，为我们在场的所有人上了生动的一课。他说："管线虽然有保质期，但是为民服务的宗旨却没有所谓的保质期，我们要敢于面对问题，主动担当，解决好每一件让群众担忧头疼的大事小情。"

随后的三个星期，乡里联合社区、物业的工作人员加班加点，把有渗水隐患的管道全部重新修缮。没过几天我们又接到了居民电话，只是这次从"投诉"变成"倾诉"。"你们能把这个问题解决真是太好了，我们家楼下住的是拆迁前的邻居，我特别担心水渗多了，影响人家生活，到时候我们几十年的感情都得受影响。这事解决了，我心里踏实多了，感谢党的好政策，感谢你们的付出。"听到居民的话，我心里感到十分温暖。

　　为了真正做到把温暖送到群众心坎里，我们力争让"接诉即办"向"未诉先办"迈进，使困扰百姓的难题真正得到解决。工作人员经过前期细致调研，发现乡内普遍存在电动自行车充电难的问题。建立一个集存储和充电一体的服务站是解决问题的唯一途径，经过社区、物业工作人员多次实地考察测量，最终在乡党委的全力支持下，在多个社区内建设了停车充电站，充电站内安装了高清摄像头和消防喷淋，彻底解决了电动车停放难和充电难的问题。充电站的建立，也避免了电动自行车充电时起火伤人事件的发生。看到一项项便民措施的"落地"，居民们激动地对我们说："真的感谢你们，感谢党的好政策，让百姓的日子过得越来越舒坦。"

# 安民意暖民心，服务群众无止境

其实 12345 便民热线不仅解决困扰居民的难题，小红门乡每一位居民百姓都是我们关心的对象。本月初，一位居民拨打热线反映自己接种疫苗后发烧了，在电话里不停地抱怨："肯定是疫苗有问题。"挂断电话后，我立刻将情况反映给社区卫生服务中心和所在社区。社区医院医生在了解了病人的病情后，十分肯定地判断，他的发热极有可能和最近早晚温差较大有关，但是为了居民的身体健康，社区的几名党员主动提出陪护这位居民进行检查。随后的检查结果和当初医生的判断非常一致，这位叔叔这是因为风寒而引起的发热。即便如此，几位党员还是陪同他输了几天的液，这位叔叔身体痊愈后，特地到社区表达了感谢："还是打了疫苗好，党组织一直想着我们小老百姓，真是太温暖了！等我儿子上了大学也得争取加入党组织，帮助更多的人！"

听到这番话，我心中的激动无以复加，在我内心深处始终认为，党组织在群众中的影响力是需要在为民服务的过程中传递的，只有党员、基层工作人员真正做到"从群众中来，到群众中去"，才会有更多的新鲜血液加入我们的队伍中来，把正能量传递给更多的人。我们要用斗志昂扬的精神，服务好每一位有诉求的居民，让他们都能感受到来自党的关心与关怀。

今年是中国共产党成立 100 周年，正如习近平总书记所说："我们党的百年历史，就是一部践行党的初心使命的历史，就是一部党与人民心连心、同呼吸、共命运的历史。" 胸怀千秋伟业，恰是百年芳华。如今，通过在 12345 便民热线工作的这段经历，我也更加坚信，只要跟着党走，我们乡一定会在城市化的道路上不断前进，百姓的生活也一定会更加幸福。

专栏

# 奋进百年正芳华，不忘初心砥砺行

建党百年华诞，中华大地万众欢腾。7月1日，庆祝中国共产党成立100周年大会在北京天安门广场隆重召开。小红门乡机关人员集体观看庆祝中国共产党成立100周年大会现场直播，习近平总书记的讲话和大会盛况令人心潮澎湃、备受鼓舞。

百年征程波澜壮阔，百年初心历久弥坚。从播下革命火种的小小红船，到领航复兴伟业的巍巍巨轮，在百年奋斗历程中，我们党领导人民取得了举世瞩目的辉煌成就，书写了波澜壮阔的历史画卷，留下了弥足珍贵的宝贵经验和精神财富。我为自己是一名共产党员感到自豪！在未来的岁月中，我要始终坚守初心使命，在工作岗位上履职尽责，为小红门地区高质量发展倾尽全力，为我们党的100岁生日献礼！

——小红门乡党委书记 王小红

回顾党的百年历史，从南湖一叶轻舟起航，我们党就肩负起民族独立、人民解放、国家富强的神圣使命，团结带领全国各族人民，从无到有、从小到大、从弱到强，历经千锤百炼，战胜了一个又一个艰难险阻，取得了一个又一个辉煌成就。作为一名党员领导干部，我更加深刻地理解共产党人的崇高追求和使命担当，我将始终保持昂扬斗志，完成好各项工作任务，切实解决好群众的操心事、烦心事，为小红门的高质量发展作出积极贡献。

——小红门乡乡长 闫博

2018年5月23日，中共中央办公厅、国务院办公厅印发了《关于深入推进审批服务便民化的指导意见》，《关于深入推进审批服务便民化的指导意见》要求全面推行审批服务"马上办、网上办、就近办、一次办"，着力提升"互联网＋政务服务"水平。各地按照相关的法律法规，结合自身实际，制定了不同的关于市民服务热线的行政法规。北京市12345热线按照"应合必合、应接必接"的原则，分类整合各级各部门设立的面向公众提供业务查询、咨询、投诉、求助、公共服务、意见建议征集、民意调查等非紧急类政务热线。

政务服务，"优"无止境。小红门乡将继续坚持以习近平新时代中国特色社会主义思想为指导，坚持以人民为中心的发展思想，用心用情用力做好12345政务服务便民热线工作，提升政务服务能力，持续优化营商环境，不断增强地区企业和群众的获得感、幸福感、安全感。

**宣讲人** 靳文荣 | 小红门地秧歌学员

# 百年地秧歌，百花齐献礼

泱泱华夏，三万里河山；煌煌先哲，五千年文明。作为四大文明古国之一的中国，中华文明从未间断，五千年的历史沉淀给我们留下了无数瑰宝。

习近平总书记强调："要加强非物质文化遗产保护和传承，积极培养传承人，让非物质文化遗产绽放出更加迷人的光彩。"非物质文化遗产是中华优秀传统文化的重要组成部分，是中国各族人民宝贵的精神财富。截至 2020 年 12 月，中国列入联合国教科文组织非物质文化遗产名录（名册）项目共计 42 项，总数位居世界第一。昆曲、古琴艺术、新疆维吾尔木卡姆艺术和蒙古族长调民歌这些非物质文化遗产凝聚了无数先辈们的智慧，是中华民族和中国人民坚定文化自信的重要源泉。

艺术文化离我们并不遥远，在小红门乡，有一项文化活动早在 2010 年就正式被列为国家级非物质文化遗产。

说起地秧歌，在座的各位一定不会陌生，但是真正了解地秧歌历史文化的人，可能并不多。地秧歌承起于乾隆二年，也就是 1737 年创办，流传至今已有 280 多年的历史。地秧歌的全称是"太平同乐秧歌圣会"，是以宋江三打祝家庄为原型而创建的。我的老师赵凤岭总说，在地秧歌的历史长河中，只有两个年份最为重要，一个是 1959 年，另一个就是 2010 年。今天，我们的故事就从 1959 年说起。

## ◤ 毛主席的检阅给了小红门地秧歌第二次生命

我的老师出生在旧社会，据他回忆，那时候老百姓的生活都非常困苦，家家户户都是家徒四壁，出门都没有一件像样的衣服。那时候，老百姓中流传着一句话，只有共产党才能救中国，我的老师和他身边的人就是这样盼星星盼月亮，盼来了共产党。新中国成立后，国家虽然贫困，但是老百姓的腰杆挺直了。就拿我们地秧歌来说吧，民国时期因为战乱，地秧歌几乎没怎么参加过活动。那时候我们的师祖怕被日本鬼子盯上，担心日本人会强制他们去各地表演地秧歌，所以一直偃旗息鼓。以至于在民国期间，地秧歌都没有进行官方注册。新中国成立后，我们地秧歌终于可以名正言顺地进行训练了。但是因为几十年的蛰伏，地秧歌的名气已经远不如前，不过这一切在那一天过后便有了转机。

据老师回忆说，那是 9 月 30 日的下午，就在老师干完农活准备回家时，突然接到通知，要他去小庄文化馆进行培训。那时候，老师怎么也没想到，第二天他和地秧歌队员们，将出现在天安门广场，接受毛主席的检阅。

老师说，十一当天的凌晨，他们就到王府井附近集合。可能是因为激动加上紧张，大家在等待时，一句话都没有说，直到检阅开始，大家便拿出了浑身的力气，跟着鼓点，迈着秧歌特有的步伐，从广场走过。每当说起这段故事，老师的眼睛里总是闪着泪花。老人家说："那天的场景，每每回忆起来，真的就像是刚发生一样，如果再有

这么一次机会，我一定会多看几眼毛主席。如此，我便此生无憾了。"

从这以后，小红门地秧歌名声远扬，各个地方修建水库、组织拥军活动都会邀请我们参加，后来，老师总是教育我们，要感党恩，跟党走，毫不夸张地说，是党给了地秧歌第二次生命。从1959年到1978年，小红门地秧歌在党的引领下，走过了一段光辉的岁月。改革开放后，很多新奇的东西进入了大众的视野，年轻的孩子更愿意捧起游戏机进行消遣，秧歌似乎逐渐要退出历史舞台了。即便如此，老师却从没想过要放弃，他总说地秧歌是民族的遗产，必须要传承，绝不能断在我们手里。就是抱着这种信念，老师连续八年到妙峰山进行演出，其中艰辛我们真的很难想象。

## ▲ 传承地秧歌是每位队员义不容辞的责任

我听老队员给我们讲，有一年老师带队上山，本来是借了一辆解放车，没想到开到半山腰，车辆突然起火了。赵老师和队员们赶紧拿起衣服灭火。老师更是不顾危险打开引擎盖，用双手拔掉了引擎上的进气管和出气管，高温瞬间烫伤了他的手，手指肚冒起了高高的水泡，手掌也肿起来了。处理完事故，大家拖着疲惫的身躯上了山。就在队员们心里打鼓，担心老师伤情的时候，赵老师却目光坚毅地对大家说："一会儿我第一个跳，你们都跟好了，谁也不能晚，你们必须拿出最好的状态，展现好我们的地秧歌。"后来队员们才得知，为了能上场表演，老师在上山的途中，生生挤破了手上的水泡，忍着剧痛坚持完成了所有演出。

经过赵老师和队员们的不懈努力，地秧歌逐渐保留了下来。为了能让民族的文化遗产更好地传承，赵老师又一次找到了党组织。

在小红门乡党委的协调下，地秧歌于2001年开始，到小红门地区的各个小学进行授课。正是有了乡党委为我们搭建的"非遗进校园"这一平台，地秧歌终于后继有人了。

为了能让孩子们真正出成绩，赵老师不但要做好教学工作，很多时候还要充当"说客"。记得赵老师有一个学生叫莹莹，在前几次课程中，赵老师就对莹莹印象深刻，觉得是个好苗子。但没想到的是，一连好几节课都不见莹莹的身影。一打听才知道，莹莹的家长觉得太苦了，不让孩子练了。后来，赵老师找来了莹莹的家长，晓之以里，动之以情，讲述了学习地秧歌的好处以及传统文化传承的深远意义。最终，赵老师打动了家长。而莹莹只是赵老师众多学生中的一个缩影，对于每一个学生，赵老师都是毫无保留倾注时间和心血。

功夫不负有心人，2010年，小红门地秧歌正是被列为国家级非

物质文化遗产。申遗成功后，乡党委更是拨出专款，在肖村为地秧歌建起了文化大院，用于我们平时的排练。

如今地秧歌的锣鼓声响彻肖村的大街小巷，平时演出也有了更多的经费，但是老师却教育我们说："如果没有共产党，不要说地秧歌了，我们的国家都不知道还能不能保得住，所以我们要永远跟党走，永远不忘党的恩情。平时训练中，我们要珍惜一点一滴，不要浪费一针一线，我们绝不能给党和人民添麻烦。"

毫不夸张地讲，我们生在了最好的时代，因为有了党，有了像赵老师这样坚守的初心的非遗传承人，才让我们民族的文化能代代相传。正所谓大道至简，无论传承的是百年文化，还是百年党史，都要坚守初心。回顾建党100周年的历史，那些感动过我们的英雄人物将初心传承给了我们，我们又在新时期被赋予了新的使命和责任，不断传承给我们的下一代。只有始终明白当初为什么出发，最终又是为了什么，才能把先辈留给我们的宝贵精神财富继承好、发扬光大，凝聚成继续前进的强大精神力量。

**边栏**

非物质文化遗产：非物质文化遗产是指各族人民世代相传，并视其为文化遗产组成部分的各种传统文化表现形式，以及与传统文化表现形式相关的实物和场所。非物质文化遗产是一个国家和民族历史文化成就的重要标志，是优秀传统文化的重要组成部分。"非物质文化遗产"与"物质文化遗产"相对，合称"文化遗产"。

**延伸阅读**

在历史长河中，劳动人民的勤劳与智慧，为人类文明留下宝贵遗产，千百年来，中华民族就有收集、保护这些遗产的优良传统。近半个世纪以来，国家投入大量资金，组织大批专家学者、艺术工作者、民间艺人开展科学严谨的普查、收集工作。进入新世纪后，国家加大非物质文化遗产普查投入，普查资源总量达87万多项，使一批具有历史价值、处于濒危状态的重要资料和珍贵实物得到抢救和保护。

2011年，国家正式颁布《中华人民共和国非物质文化遗产法》，确立了非物质文化遗产在国家社会生活中的法律地位，为非物质文化遗产保护工作提供了法律保障。目前已有30个省（区、市）制定了相应的地方级条例。中国还建立了四级名录制度和传承人认定制度，截至2021年6月，国务院共公布国家级非物质文化遗产代表性项目名录1557项；截至2021年12月，国家级非物质文化遗产代表性项目代表性传承人总计3063人。

宣讲人 刘明明 ｜ 北京世纪美泰物业服务公司安全专业经理

# 点亮红色，温暖百姓

物业服务连着千家万户，住宅小区作为社会治理的基本单元，其物业管理的好坏直接关系人民群众的切身利益和社会稳定，随着城市化进程的加快，物业公司与小区业主矛盾纠纷时有发生、公共设施陈旧、居民缴费意识薄弱……物业管理问题成为城市基层治理的难点。

为切实规范和提升物业管理水平，小红门乡成立物业联盟，强化各级党组织对物业管理的职责，坚持"党建引领"与"物业联盟"相结合，要求物业公司向党组织靠拢，健全上下协调、权责清晰、齐抓共管的责任体系，形成了组织引领、多方互联、协同推进的物业管理新模式。

2019 年年底，新冠疫情来袭，在这场没有硝烟的战争中，小红门乡有一群坚定勇敢的物业工作人员，他们不畏艰辛，迎难而上，以平凡之躯冲在疫情防控第一线，守护万家灯火。

　　我是北京世纪美泰物业服务公司安全专业经理、世纪美泰党支部宣传委员。我出生在内蒙古赤峰市的一个农村家庭，从小就有参军报国的理想，终于在2003年我走进了火热的军营并光荣地成为一名党员，在军营历练成长八载，历任战士、班长、士官代理排长，2011年退伍后，我来到了世纪美泰物业服务公司。虽然退伍了，但是我从军时的初心却从未改变。

## 情系业主，做群众的"暖心守门人"

　　为什么我的眼里常含泪水？因为我对这土地爱得深沉……正如艾青的诗中所言，我对小红门这片土地同样有着深深的热爱。我来到小红门已有八年。八年间，我们从一个不到十人的物业公司发展到上百人，从百姓揣手观望我们搞物业，到共同参与社区治理，我们投入的每一份热情和精力，都有了回报。小红门见证了我的成长，我就是

小红门人。我能够取得今天的成绩，离不开乡党委的支持和在座各位叔叔阿姨们的配合。

我一直认为，做好物业服务的心和党员为民服务的心是相同的。还记得我来公司不久，总经理吴鹏就召集员工开第一次全员培训大会，但是参会人员却不足十个。经过了解得知，之前的物业公司和辖区居民因为一些问题处理得不愉快，大家关系并不和谐，员工的流动性很大。虽然来培训的人少，但令人欣慰的是，留下的人里绝大多数都是本乡人，而且还有三四名党员，他们之所以没有离开，就是因为大家还是想在家门口工作，为父老乡亲做点事情。

那个时候小区治安环境是个让人头疼的问题，丢电池、自行车的投诉时有发生。为了解决这一问题，吴总带着我开始一个一个地维修监控设备，加强巡逻。终于在一天下班的时候，我们在小区口发现了一名可疑男子，我给一同巡逻的员工老张使了一个眼色，我们分开跟着这个人。果然，在二期 D 区 7 号楼门前，他下手了。看到他拔出电池的那一刹那，我和老张飞奔了过去，一把把他按倒在地，在挣扎中我的右脚被他扭伤，眼看他就要挣脱的时候，几名热心的居民站了出来，将这个人压在了身下。事后，我对居民表示感谢，没想到居民却对我说："以前的那家物业公司服务差劲，都不管事，我们不相信他们，没想到你们这么勇敢，就冲着你们抓贼的这股猛劲，我相信你们一定能把小区治理好。"居民的话让我感动不已，群众的信任，比金子还珍贵！当我转过头来慰问老张时，老张却憨厚地笑了，说："我没事，不用担心，再说了，我是老党员，这个时候，我不上谁上！"老张的言行也让我感受到，每个党员都犹如一盏名灯，点亮自己温暖别人。未来，我也要努力让更多人点燃为民服务的暖灯。

## 党建引领，积极探索物业治理新模式

在乡党委的指导下，2017年，世纪美泰物业服务公司成立了党支部。后来，我们便有了新的名字——红色物业。随着支部党员人数的增加，支部的"灯"不仅越来越暖，还释放出夺目的红色光芒。支部经常参加社区开展的活动，支持地区开展文艺汇演活动，紧紧跟随乡党委的脚步。我十分不理解吴总的做法，企业不是应该以营利为主吗？为何要如此深度支持地区的工作？每当面对这样的问题，吴总都慢慢对我们解释道："你们总说为人民服务，那如果我们不贴近群众，不深入他们，我们又怎么能为他们提供真正贴心的服务呢？"

那段时间里我们参加了各种活动，看到了更多的百姓需求。为了真正替群众解决困难，在乡党委书记王小红的指导下，我们将

12345 市民服务热线反馈的事情逐件分析，并在每个楼宇设置"楼宇管家"，努力将问题在社区内全面消化。

自 2019 年开始，乡党委书记将红色物业纳入地区社会治理体系中，形成"全域物业管理"的模式，将整个小红门作为一个"大社区"进行物业管理，把小区与小区之间的道路保洁、车辆停放秩序维护等内容也纳入物业服务范围中来。

## 挺身而出，守好社区防控的"安全屏障"

全域物业模式实施不久，新冠疫情袭来，公司里人心惶惶。就在吴总给我们讲党课的时候，他接到了乡领导的电话，乡里希望我们增派人手，去卡口站岗测温。挂断电话后，屋里突然安静了，大家都陷入了沉思，这时一个声音突然出现在我们的耳边。吴总说："大家已经知道了吧，现在小区封闭了需要站岗，我报名！"他那坚定的声音和眼神感染了我，我也站起来说："我是负责社区安全的，我报名！"随后大家纷纷表态主动站岗。吴总说："你们的话虽然简单，但背后的责任却很重，不愧是公司的先锋，作为党支部书记我很感动！谢谢你们！"那天下午，我们公司的党员没有一个人请假退缩，全部出现在了各个社区的卡口上。由于那时公司的大部分员工都在老家，无法返京，吴总带着我们在京的全体党员三班倒，轮流到卡口站岗。天气寒冷，在卡口上的每一分每一秒都很艰难。同事们看到了我们的不容易，就在我们撑不住的时候，公司的群里突然接到了大家的微信。

"吴总，我希望能去站岗，替换一下现在的同事。"

"吴总，我希望能去站岗，希望能够像你们一样，为大家服务，

如果只有党员才有资格的话，我希望组织能批准我入党！"

　　看到同事们发来的短信，我被深深地感动了。党组织的凝聚力，在这一刻发挥了无可替代的作用。中国共产党成立的这100百年的时光里，有许多的共产党员迎难而上，他们用红色信仰改变了中国命运，用红色志气挺起了中国脊梁，用红色情怀书写了中国奇迹。如今面对突如其来的疫情，我们接过了前辈的旗帜，用一颗为人民服务初心，与疫情直面搏斗，砥砺前行！

## ▲ 贴心服务，筑起疫情防控的"温暖防线"

　　疫情期间，我们共投入520名物业员工每天在岗，为九个社区19200余户居民，进行全方位24小时值守和服务。每天对小区进出人员进行核查和体温检测超过四万人，对进入小区的车辆进行核查和体温检测近两万辆。守好"疫情关"的同时，我们也努力做好后勤保障。记得有一次，我们的楼宇管家给居民入户宣传防疫的时候，发现开门的李婆婆已经70多岁了,和老伴在家,女儿不在身旁,下楼买菜不方便,也不会网购,小区封闭让她感觉生活非常不便。随后,楼宇管家隔三岔五就给李婆婆送菜。那天一开门,李婆婆拍着手就说:"哎呀辛苦你们了,今天又来了,还给我送来了青菜、西红柿、南瓜、小米,这几天的生活没问题了。"还没等工作人员说话,李婆婆拉着我们不让走,拿着一盒没开封的N95口罩塞到我们手中说,这是女儿之前寄给我的,我们两个老人出不了门,你们在外面跑,很辛苦,这口罩你们用得上。那时连普通口罩都每个人限购一盒,更何况是N95口罩。这一小小举动让我们感动不已。以前来送菜的时候,李婆婆就提出要捐给我们1000元,我们拒绝了,没想到这次又执意送我们口罩,每次回想到这个场景,都觉得心里很暖。"疫情无情人有情",有这么好的大环境,这么好的居民,我们一定要做好服务,为地区发展尽一份力。

如今,随着疫情防控进入常态化,生产生活逐渐恢复,我们的红色物业也将回归正常节奏,继续为大家服务。今年我们会围绕小区门禁、安防、垃圾分类等方面陆续增加一些智能化设备,让全域物业管理真正温暖千家万户。

延伸阅读

2019年7月10日下午，小红门地区物业联盟成立大会召开。时任小红门地区工委副书记殷晓兵，科教文体办、社区办、党建办工作人员，以及北京世纪美泰物业管理有限公司、北京中海物业管理有限公司等地区八家物业公司的负责人出席会议。会上讨论通过了《北京市朝阳区小红门地区物业联盟章程》，并选举产生了地区物业联盟会长吴鹏、副会长李景龙，吴鹏同时还当选为物业联盟理事会理事长。物业联盟随即召开工作推进会，研究推进地区物业企业的各项工作。各物业公司将会到社区和村报到并配合有关部门开展工作。在推进会上，会员们建议成立地区"功能型"党支部。

物业联盟的成立，将进一步完善地区物业公司的运作机制，搭建更加高效的综合治理平台，不断探索物业信息化、智慧化建设，形成党建引领、联盟运作、社会共同参与的新局面。

宣讲人 | 续春玲 | 小红门乡恋日绿岛社区居委会

# 发扬革命传统，争取更大光荣

天地英雄气，千秋尚凛然。从 1931 年"九一八"事变中国人民揭开抗日战争的序幕，到 1945 年抗日战争全面胜利，在波澜壮阔的全民族抗战中，全体中华儿女众志成城，万众一心，共赴国难，凝聚起抵御外侮、救亡图存的共同意志。无数革命先烈，铮铮铁骨战强敌，血肉之躯筑长城，前仆后继赴国难，撑起了中华民族的铮铮脊梁。

2021 年是建党百年。回望百年征程，中国共产党为争取民族独立、人民解放，实现国家富强、人民幸福而不懈奋斗。革命时期，中国共产党带领人民打土豪、分田地，为了推翻三座大山付出了巨大的牺牲。在和平建设时期，在抗震救灾、抗洪抢险、应对突发事件等急难险重任务中，哪里有困难和危险，哪里就有共产党员。从抗日战争到如今的光辉盛世，小红门乡有一位老党员亲眼见证了祖国的沧桑巨变……

今天故事的主人翁是一位有着56年党龄的老党员——李元珉。初见李老，是在他位于恋日绿岛的家中。李老头发花白，瘦高的个子，戴着一副金边眼镜，一张和蔼可亲的面庞给我留下了深刻的印象。进入家中，首先映入眼帘的是一副装裱精致的字画，"发扬革命传统，争取更大光荣"。据李老介绍，这幅题词是1951年中央慰问团慰问革命老区老党员时赠送给李老父亲的，是毛主席亲笔所写。70年来，毛主席这一光辉题词成了李老人生的座右铭。

## ▲ 永忆英雄开盛世，铮铮烈骨破万难

李老的老家在北京门头沟区上苇甸村，是群山环抱的一个小山村。1938年，李老的父亲和几位党员在上级党组织的领导下，建立了上苇甸村第一个党支部。随后这个消息不胫而走，很快就吸引了日本人的注意。

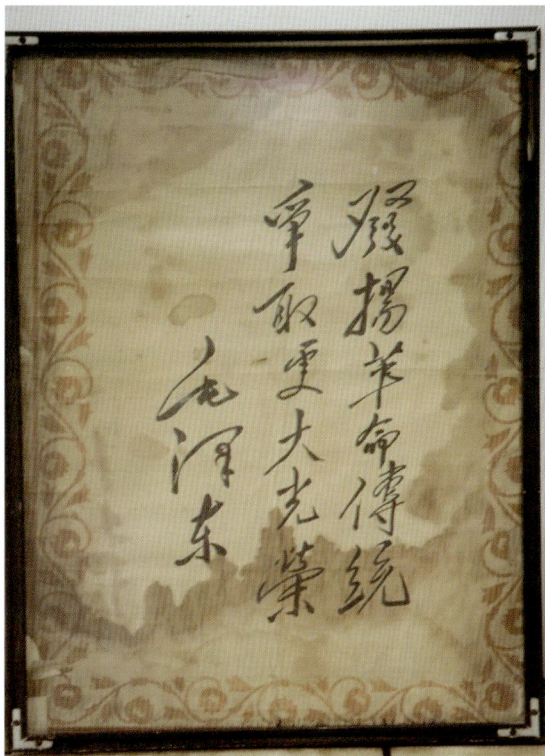

"一次，因叛徒告密，敌人来抓捕我父亲，一听有狗叫枪响，父亲就钻窗躲进山里去了。母亲从炕上躲到炕沿底下，我也学着母亲的样子，一骨碌从炕上滚下来，右脚却伸进了开水锅里，全脚马上红肿，起了好多大泡，敌人进屋就赶着我们走，一直走了20多里路，

到了敌占区。一路上，敌人狠狠地打我，用枪托打我的头部，等走到敌占区，我的右脚已经血肉模糊了。"李老回忆道。

比起其他的同志，李老是幸运的。村子里有一个人叫任增路，专门负责给八路军递送鸡毛信，有一次不幸在送完信回乡的路上被日本人逮捕了。为了让他供出村内的共产党员，日本人对任增路连续审了几天几夜。村民们亲眼看到，日本人用鞭子将他打得皮开肉绽，然后用一种类似酒精的液体泼在伤口上，撕心裂肺的惨叫久久回荡在村内，让人不寒而栗。

为了让任增路供出村子里的党员，日本人用辣椒水整碗整碗往他的眼睛里、嘴里灌。灌完后，又让他平躺在长条椅上，把灌进去的辣椒水用木头板生生挤出来，周而复始折磨了他三四天。李老的父亲想号召村民跟日本人拼了，但一想到反抗就有可能暴露身份，党组织在门头沟的布局也会被打乱的时候，李老的父亲只能强压着悲痛忍了下来。

这件事已过去将近 70 年，但李老每每想起都历历在目，不禁潸然泪下。作为一名党员，任增路同志致死都没有说出党的秘密，被日本人当着所有村民的面放狗活活咬死，随后日本人便对村子进行扫荡。经李老回忆，村子一共被日本鬼子烧过 13 次，被活活烧死村民多达 12 人，即便这样，村民们也没有供出一名共产党员，为党组织的革命事业作出了巨大牺牲。

## 赤子之心永向党，倾尽一生报党恩

常言道，大难不死，必有后福。李老说："我的后福是党、祖国和人民给的，我像一颗枯萎的小草，在党的光辉照耀下，返青变绿，茁壮成长。新中国成立后，解放军帮我们重建了村庄，党和国家供我上小学，接着又上初中、高中、大学，给我发助学金、生活费，我唯一的信念就是要好好学习，建设好我们的国家。"

上学时，李老住在门头沟，学校却在海淀。他每天都要走10公里的山路，晚上九十点才能到家。上学路上，因为要游过官厅水库差点被淹死，在山里碰到野狼，差点一命呜呼。由于只有一身衣服，所以每天渡完河，李老都得穿着这身湿衣服坚持走到学校。这也导致他16岁就患上了关节炎。在李老最困难的时候，党组织为他提供了帮助，学校党支部书记看到李老的情况，主动让他住校，并免去住宿费。所以李老总说，我至死不忘党、祖国和人民的恩情。

参加工作后，李老决心用自己的一生报答党和人民。1965年，李老大学毕业，分配到石景山区广宁村中学当老师，他全身心投入工作，除责任繁重的教学工作外，还担任了学校团总支书记、教师团支部书记、学校治保主任。当年11月，李老加入中国共产党，从

此，他的心和党紧紧连在一起，信仰更坚定，目标更明确，立志为党尽忠，为国尽责，为民奉献。随后，李老走上了学校领导岗位。1980年，李老参与创办了新校玉泉路中学。每每想起他上学时的艰难，李老都会想尽一切办法关心学生，解决学生的困难，让他们安心读书。1983年，李老被调到北京广播电台工作。在那里，他担任过电台编辑，后来任电台的党委副书记、副台长，主管党委和行政工作。

　　虽然进入了新单位，工作环境、待遇都有一定的提升，但是李老却没有因此而贪图享受。李老回忆说："那时候咱们国家还处于非常贫穷落后的阶段，每个月我都会把多余的粮票、肉票分给街坊邻居们。但这毕竟杯水车薪，直到一场变革的出现，我们国家的命运才真正得以改变。"李老说："那是一个傍晚，自己在准备第二

李元珉

天需要播报的新闻，在新闻稿件里，赫然出现了四个陌生的字眼——改革开放。李老不知道，这四个字竟改变了一个国家的命运。"

# 改革春风拂大地，晚霞绚烂映初心

改革开放后，李老所在的电台一步步加强党的建设，深化改革，使单位两个文明建设迈上了新台阶，北京电台党委受到了中共中央组织部和北京市委的表彰。李老总说，改革开放像一盏明灯照耀着国家各行各业前进发展的道路，小到地区，大到国家，都发生了翻天覆地的变化，而我们小红门乡同样如此。李老是退休以后搬到恋日绿岛社区的。2003 年，小红门乡刚刚开始城市化进程，一栋栋高楼拔地而起，一条条宽阔的马路修通建成，一个个商场超市开业，医院、幼儿园也配套齐全，建成的镇海寺公园、鸿博公园郁郁葱葱。这两座大型公园从东部、南部环绕着居民区，使居民出门见"绿"，成为人们休息、游览，以及举办各种文化活动的场所。看到眼前的变化，李老深情地说："这一切可喜的变化，应该感谢我们伟大的祖国，感谢伟大的中国共产党，是伟大的党领导我们国家站起来、富起来、强起来，使我这个旧社会的苦孩子翻身得解放，成为国家干部，过上了幸福生活。"

李老说，这一辈子吃过苦、受过累，也享过福，几十年里发生的很多事都已经记不太清了，但唯一记忆犹新的，就是党和人民给了自己生命，自己一定要报恩。现在的他只有一个愿望，那就是在耄耋之年，把自己永远跟党走的故事写成文章，到社区、到学校、到任何他可以走到的地方，去讲给身边人听，讲给下一代听。正如毛主席的提词所言，发扬革命传统，争取更大光荣。李老说，只要自己还有一口气在，就要继续发一分热，发一分光，为中华民族的伟大复兴贡献自己的一份力量！

中国人民抗日战争是20世纪中国和世界历史上的重大事件，也是战争史上的伟大奇迹。中国战场是第二次世界大战的主战场之一，中国人民的抗日战争是第二次世界大战的重要组成部分。中国人民抗日战争，是中华民族历史上最伟大的卫国战争，是中国人民反抗日本帝国主义侵略的正义战争，是世界反法西斯战争的重要组成部分，也是中国近代以来抗击外敌入侵第一次取得完全胜利的民族解放战争。

美国总统罗斯福在致国会的咨文中指出："我们也忘不了中国人民在七年多的长时间里怎样顶住了日本人的野蛮进攻，怎样在亚洲大陆广大地区牵制住大量的敌军。"

抗日战争的胜利，促进了中华民族的觉醒和团结，弘扬了以爱国主义为核心的伟大民族精神。爱国主义成为抗战的最强音和主旋律：国家和民族利益至上，誓死不当亡国奴，同仇敌忾，万众一心，勤劳勇敢，不畏强暴，血战到底，自强不息，开拓创新。

宣讲人　张子栋┃小红门乡鸿博家园第五社区社工

# 让"最后一公里"变为"最暖一公里"

新冠疫情使社工群体一夜之间走进了千家万户。作为官方信息的传递者、防疫知识的宣传者、社会秩序稳定的维护者,"上面千条线,下面一根针"是基层工作者的真实写照。

哪里有什么岁月静好,只不过有人在替你负重前行。面对疫情,社区工作者挺身而出,奋勇逆行,全力守护人民群众的生命安全,为打赢疫情防控战提供坚强保障。一条条微信、一张张宣传单、一句句叮咛,都见证了社区工作人员的坚守与奉献。

晨曦朝露去,披星戴月归。在服务疫情防控大局中,小红门乡各社区工作人员坚守初心,严格落实各项防疫措施,忙碌在疫情防控第一线。数据排查、组织核酸检测、保障隔离群众日常生活……每天都有海量工作向他们涌来。忙碌时,吃住在办公室,一天睡两三个小时成为常态。

从乡党委到社区,哪里有群众,哪里就有党的工作,哪里就有跟党前进的坚实步伐。乡党委是推动上级党组织向基层延伸的保障,

而社区连着千家万户，是政府联系群众、服务群众的神经末梢，是"最后一公里"。作为一名普通的社区工作人员，接下来，我就将带您走进社区，去认识一下那些奔跑在"最后一公里"的社工们。

## 初登社区舞台，坚守初心使命

2018 年夏天，我刚来社区工作，当时居民们刚刚入住，整个社区充斥着电钻的声音，电梯里挤满搬运建筑材料的工人，该怎么形容当时我内心的感受呢？一时间我只觉得这里"人心未定，一派繁忙慌乱的景象"，人人都说要牢记初心使命、艰苦奋斗，可我的"初心"又在哪儿呢？

午饭时恰巧碰到了社区党总支书记郭玉萍，她似乎看出了我的心事，拍着我的肩膀说："怎么了小伙子？是不是被咱们这儿的'兵荒马乱'吓到啦？"我红着脸不知如何回答，郭书记接着说："不怪你。社区工作烦琐复杂，大到社区建设，小到邻里和睦，都与居民息息相关。想要做好群众工作啊，靠情怀，可以走，但步履蹒跚；要想走得稳，走得远，还得靠一步一个脚印。你可是咱们今年选拔出的党员新人骨干啊！要有党员的担当！你想想，通过咱们所有人一起努力，实现五社区的邻里愿景，多么美好！"

## 开展台账登记，将汗水洒满社区

这段话我至今记得，它像一颗定心丸一样坚定了我扎根五社区奉献服务的心。那个夏天，为了深入了解居民所需，全体社工人员开展"入户登记台账"工作。骄阳下，我们挨家挨户敲门统计，爬楼、扫街，几乎每天都是朋友圈步数第一名。有时候一开门，正在装修的业主满头大汗，脸上沾着油漆，了解我们的来意后，烦躁地随口敷衍，甚至直接关门……这样的情形数不胜数，为了保证台账的完整真实，我们经常多次回访。一天下来，全身像散了架一样，身上到处沾满了灰土。同事之间开玩笑常说，居民装修，我们"搬砖"。

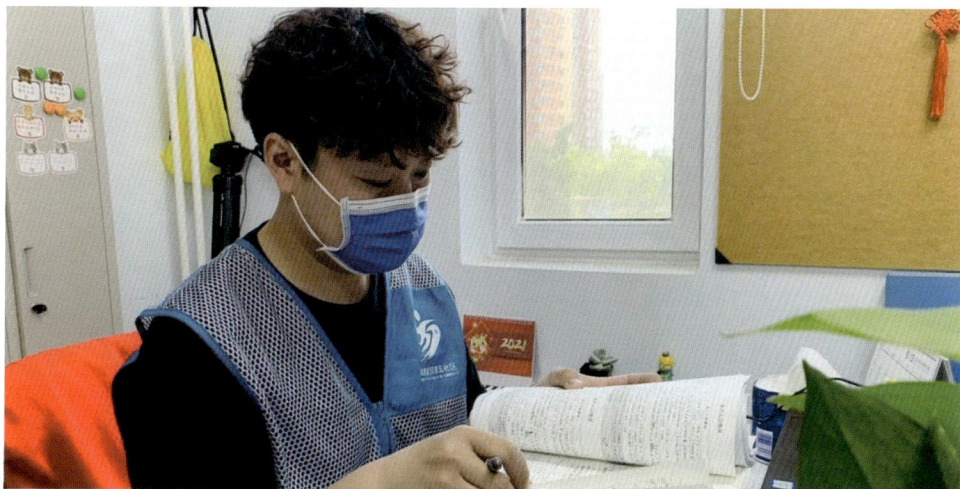

就这样，我们坚持了整整两个月，近 7000 名业主的信息台账被收集分类妥当。想起之前的"人心未定"，再看看现在手里攥着的厚厚台账和居民信息，我心想，这下可算踏实了。

2020 年疫情暴发，紧张的气息迅速在整个社区蔓延。2 月 10 日，习近平总书记在北京调研防疫工作时指出："社区是疫情联防联控的第一线，也是外防输入、内防扩散最有效的防线。" 在乡党委的领导下，第五社区充分意识到，要最大限度发挥社区的战斗堡垒作用，坚决打赢疫情防控阻击战。这时候，我们调出了"蒙尘"已久的居民信息台账，小小的一个 Excel 文件在最关键的几天起到了定海神针的作用。我们迅速振作精神，以台账为中心，划分信息网格，22 名工作人员对应 22 栋楼宇，责任到人，挨家挨户实时掌握居民生活状态，24 小时待机提供服务，在紧张和压力下"为他们点亮一盏灯"。

疫情期间，我们逐一排查武汉及境外返京人员。穿梭在楼梯间，仿佛回到了两年前那个炎热的夏日，但这一次敲开屋门，居民们已经没有了之前的烦躁，目露感动、连声道谢，有些居民还会将矿泉水和巧克力塞给我们。我知道，经此一"疫"，居委会和居民的心真正拧成了一股绳。

## 为居民答疑解惑，社工蜕变为疫苗"专家"

2021 年，"疫苗接种"成了热门话题，也成为社区工作的核心。一开始，我们都以为这是一件简单的事情，可实施过程中却出现了诸多难题：一些老人不会使用手机无法上网预约，行动不便的老人很难自己走到接种点，很多人对疫苗信息不了解。还记得有一位 60 岁以上的老奶奶来到疫苗接种宣传点对我说："我年纪大了，抵抗

力差，真的很想接种，但又担心有什么情况发生，给儿女添麻烦……"
我安慰老人道："您的顾虑我们理解，但是目前我国研发的疫苗是
世界范围内效果最好的，您尽管放心！而且现在我们国家公布的疫
苗接种率远远落后于欧洲国家，达不到'群体免疫'的效果，如果
大家都不打疫苗，那我们可能还要戴五年、十年的口罩。"看到面
前这些咨询的老人们，我心里揪得难受，想到自己家中年迈的爷爷
奶奶，难道我们不能帮他们解决这些客观问题吗？作为一名社工，
我们必须要脚踏实地，为百姓做实事，用真心暖人心！

4月起，由乡党委牵头，组织社区全部社工人员，结合社区热心
党员、楼门长等组成"五区志愿小队"，把现场咨询"搬"到居民家
门口，哪里需要我们，我们就到哪里去，为年长的居民送温暖上门。
志愿者们为大家一一"扫清"新冠疫苗接种的认知"盲点"，针对个
别居民的疑虑或者手机预约等问题，手把手不厌其烦地指导操作。

几天后，当我去疫苗接种点值守的时候，惊喜地看见了之前向我咨询过的老奶奶也来排队了，身后还跟着一群"姐妹"，她神采奕奕地冲我打招呼，对我说："小伙子，之前听完你给我介绍这个疫苗的情况啊，我又去小区门口找你的同事们好好了解了一下，原来我们的疫苗安全性这么高，90 多岁的老先生打完都没有异常反应，那我们这些'年轻人'也得上！而且钟南山院士说了，咱们现在只有不到 30% 的人打了疫苗，只有到了 80%，咱们才能更安全，我也想早点摘了口罩。这不还带了我的一群邻居过来，给咱们乡里、社区的疫情防控工作加把劲！"听了这些话，我十分感动，连忙陪着老人们一起接种疫苗，和他们说话放松紧张情绪，留观 30 分钟之后，才放心下来。看着奶奶们对我竖起的大拇指，我知道我们真正为群众提供了有温度的疫苗接种服务，在为群众办实事中彰显了共产党员的为民情怀。就像郭玉萍书记常说的那样："居民的询问与需求，一件件一桩桩，就如同天上的星星一样繁多，但社工人却总干得乐此不疲，因为我们时刻记得，居民的事就没有小事。"

最近一个月，又有国家深陷疫情漩涡，新的变异毒株在世界范围扩散开来。看着前线记者传来的救治场景，看着每天以十万百万为单位攀升的感染人数，我的心里不禁感到后怕，但同时又感到一丝庆幸，庆幸自己是中华儿女，庆幸我们已经形成了一套成熟、高效、有力的防疫体系。即使面对又一轮凶险的疫情挑战，也有一条坚固的免疫防线将疫情阻隔在外，而这条防线是千千万万名党员、社区工作人员一步一个脚印连起来的。

# 永远跟党走，永远不过时

从 2018 年初入职场的懵懂忐忑，到 2021 年疫情常态化后的百般历练，成长往往就是在不经意间。身为一名社工，我体会到了身上的担当，我们是在每一件纷繁复杂的工作中为群众办实事，在服务广大群众中得到锻炼，在实践实干中赢得民心民意。身为一名社工，我感受到了生逢其时，又责任在肩，作为年轻的基层工作人员，我们与居民的距离近、接触多，更要着眼于群众担心的事、揪心的事、操心的事，积跬步，成千里。

也许你想问，工作了这么长时间，你找到自己的"初心使命"了吗？现在，我可以非常确定地告诉大家：我找到了。

我们是最普通的螺丝钉，我们是一根针穿起千条线，我们愿意将爱传递给千家万户，让"最后一公里"成为"最暖一公里"，我们是社工人，我们永远跟党走！

　　张子栋只是小红门乡众多抗疫工作者的一个缩影，更多的人在我们看不见的地方默默温情守护。疫情防控期间，他们每天在小区门口执勤，为进出人员测量体温，扫码登记信息，并提醒大家做好自身防护。从寒冬到烈日，他们始终坚持用微笑站岗执勤。

　　从 2020 年疫情暴发，小红门乡的广大社工们就放弃了休息，投入了战斗。就在大家众志成城，放缓了疫情蔓延的态势后，新发地疫情又突然暴发了。大家虽然疲惫，但是并没有退缩，各村、社区火速开展"敲门行动"，连夜开展"地毯式"排查，常常忙到第二天凌晨才能回家。很多年轻的妈妈，甚至好几天都和孩子见不上一面，即便如此，他们也没有一句怨言。我们的社工们就像点点繁星，照亮了夜晚的岗亭，守护了万家灯火。

宣讲人　郑文倩 ｜ 小红门乡疫情防控专班工作人员

# 与时间赛跑，为生命守护

2020 年 12 月 15 日起，我国正式开展重点人群的新冠病毒疫苗接种工作。截至 2022 年 2 月 18 日，全国累计报告接种新冠病毒疫苗 30 亿 7575.2 万剂次，完成全程接种的人数为 12 亿 3254.3 万人。"中国速度"再一次令世人惊艳。加快疫苗接种是党中央、国务院作出的重大决策部署，是做好常态化疫情防控的有效举措。

2021 年 2 月 22 日，小红门乡正式启动新冠疫苗接种工作，乡党委政府高度重视，积极协调，召开专题部署会，成立疫苗接种领导小组，制定工作方案，细化任务分工，推进全乡疫苗接种工作有序开展。各村、社区积极开展入户摸排工作，通过微信公众号、居民微信群、发送宣传册等方式，广泛开展疫苗接种动员工作，确保疫苗接种应接尽接、不漏一人。为了方便群众接种，乡内开设接种夜场，免费专车接送，让疫苗接种有速度，更有温度。

　　博尔特被喻为"百米飞人"，他不断挑战人类极限，刷新与时间赛跑的记录，是这个星球跑得最快的人。在小红门疫情防控工作中，我们就是小红门的"博尔特"，通过统计和分析疫苗接种情况，不断提高辖区接种率，为控制疫情赢得宝贵时间。

## 攻坚克难，打消群众顾虑

　　新冠疫情目前已影响了全球 200 多个国家和地区，最近印度又出现了变异毒株，感染速度极快，据粗略统计，每七分钟就有一人死于新冠。看到印度当街焚烧遗体的新闻，再想想这个数字，如果发生在咱们身边，那会多么可怕，简直不敢想象！作为一个负责任的大国，党中央不仅向印度提供防疫物资援助，也积极动员全国人民免费接种疫苗。还记得春节前后，乡党委召开疫情接种动员会，会上给我们数据组提出了特别要求，要我们把每天接种疫苗的数据摸准，哪怕每天能多号召一个居民预约接种，辖区群体免疫的效果就会变得越来越好。想到去年夏天多地被调为高风险等级时的人人自危，我不免对接种疫苗这事暗暗叫好，我认为疫苗接种工作是众望所归，很快就能落实好。

第二天一早，我开始按照要求给辖区居民打电话，通知大家可以免费接种疫苗。那一天上午，我打了近100个电话，说得我口干舌燥，但是确定接种的居民不超过10个人。让我印象特别深刻的是一位40岁左右的阿姨，她知道我的意图后问了我三个问题：第一，新冠疫苗的原理是什么？第二，接种疫苗会出现排异反应吗？第三，各国刚刚传出毒株变异的消息，这个疫苗还管用吗？阿姨的"灵魂三问"让我不知如何作答，支支吾吾半天没回话。

那天中午，组长带着我们汇总数据，才发现大家的情况都差不

多。多数居民怀疑疫苗的安全性和有效性，有的居民更是认为只要别人接种了，免疫屏障就会建立起来。面对群众的质疑和存在的误区，组长拿出了几份宣传手册发给我们，说："打铁还需自身硬，要想动员大家打疫苗，自己先要充分了解。党和国家动员了近千名科学家研究疫苗，大量医药企业加班加点全力生产国产疫苗，为的都是跑赢时间，赢得这场没有硝烟的防疫战争。我们也要有这份担当和自信，为辖区群众的健康守土有责！"听完她的话，我突然明白了数据组每天24小时不眠不休统计数据的意义，每个数据背后都是一个个鲜活的生命。

## 多措并举，提高疫苗接种率

随着宣传工作的深入，疫苗接种点逐渐"热闹"起来，居民们纷纷撸起袖子加油"打"。从春节到清明节，两个月时间就有三万余人完成了接种。乡党委看到我们提供的数据后，为了鼓励疫苗接种覆盖到更多人群，又积极谋划了几个"小妙招"。首先是开放了夜场接种点，对于白天工作又无法请假的"上班族"，将点位开放时间延长到晚8时，大家下班顺路就可以接种疫苗。然后是针对行动不便的高龄老人和残疾居民，从楼门口发专车接送到接种点，实现居民和接种点距离"零公里"。乡政府还委托中国移动公司在全乡范围内群发鼓励接种疫苗的短信，增加宣传力度。同时又给大家换了出入证，一张小小的绿色出入证仿佛是一面免疫盾牌，让大家"一证走天下"。此外，我们还充分发挥党建引领作用，动员辖区"双报道"党员、楼门长和志愿者帮我们入户动员。

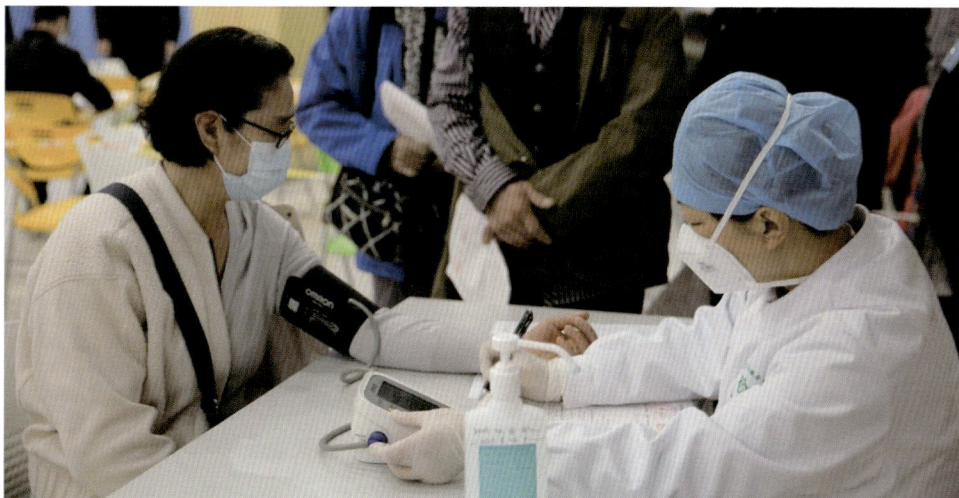

## 公而忘私，保障接种工作

那段时间大家干得热火朝天，虽然累，但是没有一个人有过丝毫抱怨，因为我们都知道，遇见问题时总得有人挺身而出，问题才能解决，否则事情永远摆在那里。开放夜场接种后，日接种人数几乎有3000人，而一线服务保障人员才30人，面对1：100的保障比例，党员冲锋在前的先进性便凸显出来。我们团队中的小张负责现场的接待工作，每天他都会回答百姓的各种咨询，有一次居民对小张抱怨说："小伙子你能不能别吃着东西回答我的问题。"小张的脸立时就红了，不好意思地低下了头。其实阿姨不知道，为了保障声音的洪亮，小张每天都会吃一包喉宝，不然嗓子到中午就会沙哑。综合协调的杨姐负责每日数据报送工作，年前刚刚出院，丈夫又因骨折需要照顾，她一个人挑起了照顾全家人的重担。有一天，杨姐接到了儿子打来的电话，孩子在电话里一直哽咽地喊着妈妈，什么也没说。后来她丈夫接过电话说："你还管不管孩子，你儿子膝盖都积水了，你也不带着上医院看，这高考还想不想好好考了？"听完后，杨姐眼圈红了，当时我们心里都替杨姐感到委屈。我的岗位关系到辖区千家万户，如果责任心不够，今天偷一点懒，明天早走一会，最终就会导致数据统计不及时，疫苗配给不够，这样又如何对得起那些相信我们的人民群众呢。同样给我留下深刻印象的还有人员通知组的小查，有一天她的脸色特别难看，追问后了解到，因为怕耽误工作，她推迟了自己的婚期，男朋友有些不理解，两个人拌了几句嘴。这就是真实发生在我们身边的故事，虽然我们做的都是微不足道的小事，但是不积跬步，无以至千里。正是保证了每一个信息和数据的准确性，才让全乡的疫苗接种工作得以顺利进行。

## 群众支持，构筑全民免疫

习近平总书记说过："战胜这次疫情，给我们力量和信心的是中国人民。"在小红门疫苗接种过程中，大家也给了我们太多的感动和信心。辖区企业在乡党委的带领下，纷纷贡献"一臂之力"。企业员工不仅带头接种疫苗，还为地区捐款捐物。为了鼓励居民接种，辖区商超为居民送上了鸡蛋、洗涤灵等礼品。年轻人愿意贡献"一臂之力"，年长者也纷纷积极接种疫苗。乡里接种疫苗年龄最高的是一位93岁的退休党员李大爷，在动员李大爷之前，我们想了很多种方法，但事实证明，我们想的这些多余了。当我们敲开李大爷家的房门，大爷就微笑着对我们说："辛苦你们了，你们不用多说，我是一名老党员，看到你们这么热心，看到党把我们这个国家领导的这么好，打这个疫苗肯定不会错的！"听完老大爷的话，我们非常欣慰，但是让我更加感动的是，第二天，我在文化苑门口看到大爷的身影，他后面还跟着五六位老人，出现的时间比预定早了一个小时。后来我才知道，因为觉得我们工作辛苦，老人在我们走了之后，挨个给自己熟悉的老人打电话，动员他们接种疫苗。当我问起大爷为什么提前来的时候，大爷小声地说："我是党员，更不应该给政府添麻烦，自己多走两步，不碍事的！"每每想到这里，我的眼眶都会湿润，作为一名共产党员，老人的觉悟让我真切感受到了薪火相传、延续百年的红色基因，是永远都在发光发热的。

在乡党委的坚强领导下，在工作人员的拼搏努力下，今年的5月8日，小红门乡的疫苗接种率终于突破了80%，这意味着乡里至少有好几万人可以很长一段时间免受病毒的侵害。看到这个数据时，组里的很多人都激动地哭了。

但是80%的接种率并不是终点线，而是一张"进度表"，一道"动员令"，目前我们只跑赢了"上半场"。前几天云南、辽宁、安徽的疫情反弹又牵动着大家的心，北京也新增了一例境外输入病例。在人员流动频繁的现代社会，要想摘掉口罩、恢复正常生活，需要大规模疫苗接种来实现群体免疫。古有长城抵御外敌，今天，我们还需要大家贡献"一臂之力"，共筑免疫长城。相信在乡党委的领导下，我们能够不断巩固和扩大接种成果，抗疫的最终胜利一定属于我们！

# 带您了解国产新冠疫苗的前世今生

2020 年新冠疫情席卷全球，全世界 1000 多万人确诊感染，这是人类历史上少有的大瘟疫。在这个人类共同的敌人面前，现代医疗体系承受着巨大的压力。医疗设备、医药、防护设施等都在像无底洞一样吞噬着医疗资源。在疫情面前，停滞的生产生活更严重打击了世界经济的发展，给整个人类社会蒙上了巨大的阴影。因此，发明能狙击新冠病毒的特效疫苗就显得尤为重要。

疫苗的诞生

追溯疫苗的诞生，要沿着历史的河流往上溯源到中国的明朝了。人痘术的发明使很多孩子避免了命丧天花之手。后来，人痘术传入西欧被英国人爱德华·琴纳改良，用牛痘接种降低了毒性，提高了有效性，从而开创了可控有效的现代疫苗之始。

国产新冠疫苗的进展

2020 年，新冠疫情在我国肆虐。经过全国人民的努力，武汉一战我们完胜，随之全国疫情也逐步得到了控制。当然，疫苗的研制从抗击新冠之始，我们就已经启动。军事科学院陈薇院士的腺病毒重组新冠疫苗更是在 3 月份就启动了临床试验。那么目前国产疫苗的研发处于什么水平呢？

　　6月底，陈薇院士和康希诺生物公司联合研发的重组型新冠病毒疫苗（腺病毒载体）（Ad5-nCoV）已经完成了二期临床，获得了军队特许药品批件，这也就意味着疫苗的有效性和安全性可以保证。下一步三期临床后就可以大规模生产上市了。此疫苗的研发成功让我们在全球新冠疫苗的研发中，处于了先发位置，也确立了新冠疫苗研发的领先地位。

　　国药中生灭活疫苗紧随其后，沃森生物 mRNA 疫苗独辟蹊径也已获批临床试验。国药中生内部小范围的一、二期临床试验也显示了所研发的新冠灭活疫苗的安全有效性。沃森生物用于预防由 SARS-CoV-2 感染所致的疾病（COVID-19），也是中国首个获批进入临床试验阶段的 mRNA 新型冠状病毒疫苗。

　　经过近两年的接种，工作在海关、口岸、物流、隔离点、医疗机构等高风险人群及老年人群体的感染率大幅降低，由此也印证了国产疫苗的有效性和可靠性。

　　疫苗是预防疾病的最佳手段之一，为了保证疫苗的质量。每批疫苗在出厂前，企业必须依据国家批准的标准进行检验，检验项目包括了物理指标、化学指标、鉴别指标、有效性指标和安全性指标等。接下来的一个重要步骤，就是国家法定检验机构需要对上市疫苗进行批签发。批签发标准是国际上对生物制品的统一要求。

**延伸阅读** ·······················································································

　　预防新冠病毒的疫苗上市后，市场需求急剧增加。为了保证扩大规模生产的疫苗质量，国家法定机构抽调了各省市精干人员，扩充补充了批签发能力，提高了批签发能力。同时，药监机构也向疫苗生产企业派驻了驻厂检查员，对疫苗生产全过程跟班检查，确保生产过程符合国家法规要求。

　　有了行之有效的疫苗，宣传工作则显得尤为重要。为了让居民百姓都能了解疫苗的原理及可靠性，各个主流媒体都增大了宣传力度。小红门乡紧跟市、区两级的宣传要求，通过公众号、《致居民的一封信》等宣传平台，向居民普及疫苗知识。通过全乡工作人员的不断努力，截至目前，全乡疫苗接种人数约 5.5 万人，加强针接种人数突破两万余次。

宣讲人 陈海量 | 小红门乡综合服务中心主任

# 生态家园的守望人

　　行走在鸿博公园中，摇曳的微风吹落了一地的花瓣，沁人心脾的香气扑面而来，清澈的湖水围绕着公园流淌。穿梭在丛林里，鸟儿叽叽喳喳地叫着，郁郁葱葱的树木为大家遮起一处阴凉，九个各具植物特色的景观区展现出一年四季的美景。人们惬意地在树下读书，牙牙学语的孩子在父母的引导下欢乐地向前奔跑。远处，焦裕禄、黄继光、董存瑞等十几位英模人物的雕塑伫立在先烈园里，无声地述说着当年的艰苦岁月和铁血奋战，追忆那些为民族解放献身的英雄先烈。

　　如今的鸿博公园是小红门乡的天然氧吧，是居民休闲娱乐、放松遛弯的不二之地。然而，如此美好的景象并非一朝一夕可得，丰富植被种类、引流清澈水源、建造英雄雕像……鸿博公园的一砖一瓦、一树一木，都是综服中心一代又一代的工作人员用汗水和心血浇灌而成。

## 丰富植被种类，保护公园生态环境

　　从 20 世纪 80 年代，小红门乡就开始了植树工程。2008 年，小红门乡疏解了多家企业，建成了占地 1200 亩的鸿博公园。目前，仅鸿博公园内就有植物三万余株。就在我们认为绿化工作收获颇丰的时候，一盆冷水却浇了过来。那是一个郊野公园的研讨会，会上大家纷纷介绍了各自辖区公园的建设情况。横向对比过来，虽然小红门乡的绿化面积大，植被却比较单一，目前也没有野生动物栖息，所以没有形成地区生态环境微循环。在那次会议上，我下定决心，综服中心一定要让地区生态环境再上一个新台阶。

　　第二天，我就把自己的想法和同事进行了分享，但这毕竟是一个庞大的系统性工作，做起来谈何容易，很多人都打了退堂鼓。让我感到意外的是，支部的几个年轻党员主动找到我说，只要是能够对乡里的生态环境保护起到积极作用，他们一定全力配合。在我孤立无援之时，支部党员的支持在我心里形成了一股暖流，让我感受到了党组织的凝聚力，也更坚定了我的决心和信心。

话虽如此，只有一腔热忱却没有经验办法是不够的。随后，我们在乡党委的支持下，请来了环境学、动物学专家和景观设计师为鸿博公园进行专业评估。专家们一致认为现在急需引进更多种类的植物和花卉，设置更多的水系，提升空气含水量，为花卉生长和野生动物栖息创造良好的微气候条件。对于专家的建议，乡党委高度重视，迅速安排工作人员着手推进引流地下水的工程，看着公园里引来清澈的湖水，我这心算是踏实了一半。

为了学习其他公园的先进做法，支部的党员和同事们也纷纷"冲锋陷阵"，主动利用休息时间到各大公园进行走访，北至奥林匹克森林公园，东至通州区的东郊森林公园，无论是头顶骄阳还是暴雨，我们的步伐从不停歇。不过，长时间的走访也让有些同事陷入了"被动"。

队里的年轻党员小陈，每周末都会陪着孩子上兴趣班。在我们走访的这一个月，小陈忽略了孩子的接送，有一天小陈告诉我，孩子回家说，同学的家长说爸爸是甩手掌柜，净顾着自己逛公园，不管孩子。听完孩子的话，小陈心里五味杂陈，不知道该怎么对孩子解释，而我听到这个故事，心里也特别不是滋味，但一想到地区的环境能够越来越好，便又有一种干劲推动着自己，哪怕受再多的委屈也值得。

经过近一个月的实地研究，我们结合专家对鸿博公园土壤质量、空气湿度等方面的评估意见，引进了数十种新的植物被，并且将不同植物的色香味与季节特征的不同变化相结合，巧妙划分为咏春苑、绚秋苑、冬韵苑、风荷苑等九个各具植物特色的景观区，一年四季都能展现出色彩斑斓的变化，让地区居民享受到大自然带给大家的美丽景色。

## 加强巡查力度，守护生物多样性

　　不仅如此，为了能吸引野生动物，我们支部的年轻党员和工人们一齐上阵，栽种了芦苇苗，搭建了本杰士堆，等到这些植物生长茂盛的时候，就能为水鸭、斑鸠、松鼠等小动物提供栖息处了。功夫不负有心人，在2019年的一个秋日，我们在鸿博公园听到了欢快的鸟鸣。一群正在迁徙的斑鸠飞到公园中，在秋天的暖阳下，鸟儿们打闹嬉戏，周围游玩的居民们也惊喜地望着它们，一幅生动美丽的画卷在眼前徐徐展开。然而，好景不长，鸟儿的栖息也引来了不速之客。

　　由于缺乏保护意识，部分居民存在非法捕鸟的行为。为了掩人耳目，他们经常选择晚上出没，公园占地面积比较大，仅靠安保人员的力量，可谓是杯水车薪。为了改变这种被动的局面，我连续一周每天晚上执勤到10点多，但一个人的力量毕竟有限，一周的时间，我也没发现一个偷捕的人。就在我一筹莫展时，党支部的党员们纷纷站了出来，主动报名排班进行巡逻职守。

就这样，在很短的时间里，我们就制止了多起捕鸟事件，遇到我们的劝阻，有些人恼羞成怒甚至张口谩骂："这鸟又不是你们养的，凭什么不让人打！"对于居民的不理解，我们耐心地进行劝解。为了宣传偷猎野生动物的危害，我们制作了海报张贴在公园人流集中的地方，并利用广播系统，向居民普及法律常识。如今，偷猎行为已经被彻底制止，公园里不仅拥有丰富的水系和上百种的花卉，还有十几种野生动物常年在此栖息，真正形成了地区生态环境的微循环。

## 铭记英雄历史，打造红色文化公园

有了优美的自然环境，提升公园的文化气息便成了综服中心的又一个课题。在一次党课上，我们分享了焦裕禄廉政爱民，呕心沥血，为党、为人民辛勤工作的故事，感动了在场的所有人。这时候，

支部的年轻同志突然提议说："祖国今天的繁荣，离不开那些革命先辈以及像焦裕禄同志一样的优秀党员的拼搏与努力，我们为什么不能在公园里建立一个红色阵地，以此来缅怀革命先辈，把红色精神传递给来公园参观的每一个人。"随后，支部便把这件事向上级进行汇报，没想到乡党委高度评价了我们的想法，很快鸿博公园"先锋园"便建成了。

在先锋园里，我们设立焦裕禄、黄继光、董存瑞等十几位英摸人物的雕塑，如今，每一名来到公园的游客都能感受到其中的红色气息，我们更是和这里的每一尊雕塑、每一株草、每一棵树、每一只鸟都建立了深厚的感情。看着鸿博公园越来越美，即使每天走路的步数越来越多，心里也是收获满满，地区优美的生态环境就是小红门人奉献给党的 100 岁生日最好的礼物。未来，综服中心还要继续优化升级城市公园，引进更多的景观和植物，为野生鸟类繁衍生息创造条件，引导地区居民一起呵护这绿色家园的盎然生机。

---

**边栏**

本杰士堆：本杰士堆就是人造灌木丛，名字的由来是缘于从事动物园园林管理的赫尔曼·本杰士和海因里希·本杰士兄弟基于野地生存观念和自然演替规律的一项发明。这项发明通过生态化的自然进程为园区内分布的野生动物重建了生存空间。

第七章

启迪·未来

宣讲人 王芳、孙天添 | 小红门乡鸿博家园第一社区、小红门乡疫情防控工作组

# 共担风雨，同心战疫

中华民族上下五千年的光辉历史中，涌现出无数可歌可泣的英雄人物。每个时代的英雄们用鲜血和生命、智慧和汗水，为实现国家富强、民族振兴、人民幸福的伟大理想而不懈奋斗着。2022 年 3 月，突如其来的新冠病毒逼近了小红门乡，无数工作人员逆行而上，成为新时代的"抗疫英雄"。在这条逆行之路上，有这样一支特殊的队伍，虽然默默无闻，但却肩负着特殊的使命——服务封控区里的居民百姓。虽然在封控区内，有较大感染风险，但是他们没有一个人因畏惧而退缩。疫情就是命令，防控就是责任。他们用责任和担当保障了人民群众的生命健康，用辛劳与汗水书写了小红门乡疫情防控的精彩华章。

2020 年，新冠疫情来势汹汹，举国上下，众志成城，抗击疫情。这三年来，我们的党和国家始终坚持动态清零的防疫政策，今年的

5月5日，中央更是再次明确了，要加快局部聚集性疫情处置，确保感染者和风险人群及时排查出、管控住。但是，当危险真的潜入身边时，一切都变得不一样了。2022年的3月9日，这种病毒就传播到了我所在的鸿博家园第一社区。

## 逆袭而上抗疫情，舍身忘我为居民

当天凌晨3点，我的手机突然响了，电话里传来了社区代理书记紧张的语气："喂，王芳吗，咱们社区出现疫情，请马上回到乡里开会！"我脑袋嗡的一下，一瞬间竟形容不出是什么感觉，只记得原本的困意瞬间全无。挂断电话后，我只简单收拾了一下，没敢惊扰家人，匆忙赶往社区。

我一辈子也忘不了，那天走进会议室时的场景。凌晨4点的深夜，会议室里座无虚席，所有乡里的、社区和村的工作人员全员到岗，每个人都是如临大敌的状态。会上，刘岚委员向大家通报了疫情情况。如何阻断疫情的传播、怎样保障百姓的正常生活、怎样开展工作……一时间我的大脑一片空白。"王芳，别愣着了，赶快过来扫码！"

在领导的带领下，我们开展了第一步工作，面对面建立工作专班微信群，而这个群也成了我日后工作的根基。而后，我作为管控组的一员，进入了出现疫情的社区，开始了第二步，也就是扫楼的工作。

凌晨5点，我敲开了管控区里第一户居民的家门。居民对我们的工作非常不理解，并一直质问我："我的工作怎么办？孩子上学是不是也没法去了？"实话说，当时我的心里也是惴惴不安，面对居民的质问，我只能强忍着镇定，为居民讲解防疫政策，努力安抚他们的情绪，并记录每一位家庭成员的具体情况，做好流调并询问有无特殊需求。

当天，我们扫楼的工作持续到中午12点，但接下来，还要马不停蹄地对居民开展全员核酸。防疫工作环环相扣，容不得一丝一毫的懈怠，更容不得马虎。

我们当中很多人都是第一次参与小区管控的组织工作，管控区里核酸检测的设备哪里有？桌椅板凳去哪领取？怎么统筹安排？流线怎么设计？就在我把问题发到群里的时候，保障组的工作人员第一时间回复了我。

## ▲ 打好疫情阻击战：这不是一人的"战斗"

　　作为统筹负责封控区内居民诉求问题的工作人员，我深知责任重大。在收到鸿博家园第一社区王芳他们统计上来的问题后，我第一时间召集群众工作组成员，建立楼长群、工作群和医疗保障群。这一组三群，就是我和王芳未来半个月奋斗的场地。工作群建立后，王芳他们的诉求会更直接地到达我们这里，这样一来，处理问题的效率也大大提高。

　　看到所有问题都有人及时回应，我们瞬间觉得心里踏实了。为了避免交叉感染，我们进行了第二次扫楼，并以层为单位，组织大家开展核酸检测。当天下午4点，我所在的社区，全员应查尽查、应检尽检。就在大家认为可以松口气的时候，新的任务又来了。

仅仅管控了一天，社区门口的外卖、快递已经摆满了货架。我所在的社区大概有4000名居民，而第一天，我们管控区里的工作人员只有不到40人，接近1:100的服务比例，我们的艰难可想而知。

但是想到居民的处境也很艰难，家中还可能有各种各样的特殊情况，我们必须让居民们安心，要尽最大力气完成好工作，打起精神完成第三轮扫楼。我清楚地记得，当我把物资派送给最后一户居民后，我的手脚已经累得不听使唤了。从凌晨5点到晚上7点，这14小时的经历实在太不易、太难忘了。

在王芳她们开始逐门入户、与居民建立联系的时候，我的工作也一刻没有停歇。仅仅第一天，群里就收到了上百条信息，各种消息迅速更新，这一条没看完，下一条语音就发过来了。

不过，让我备受鼓舞和温暖的是，当天下午我们乡的两名副乡长在处理完紧急任务后，第一时间下沉进入封控区，和同事们并肩作战。领导带头进入管控小区，让很多问题可以更直接、更快地协调解决，极大地推进了工作进度，减轻了基层工作人员的负担。

## 满足居民各种诉求，让管控区的服务更加温暖

随着入户工作的开展，小区居民的各类信息也反映到工作群中，几行信息映入眼帘，让我的心跳逐渐加速，不禁深吸了一口气：有居民需要进行透析治疗、有三个孩子过几天就要参加高考提前批的英语听力考试、小区里还有一名随时可能分娩的孕妇……

看到这些内容，我深深感到，这些关系居民生命安全健康、孩子高考这样的民生大事，是必须优先、迅速、明确的处理的。按照

需求的类别，我把这些信息分类并完善详细信息，编辑成统计表，分别发送到疫情指挥部和医疗保障工作群中。我们的医疗保障组非常给力，马上安排好了居民透析、买药、就医的流程和时间表。但是，困难也有，在咨询了区教委相关工作人员后，得知高考提前批听力考试暂时对疫情管控区中的孩子还没有特别安排。

听到这个消息，我不禁心凉了半截，高考是人生中多么重大的一件事，这几个孩子我绝对不能不管！我开始多方"打探"，新冠疫情暴发至今已经三年，肯定也有的地方、有的时间，有同样的问题！那时是怎么解决的，对我们的工作就有很大的参考价值。最终，在组织部、学校、教委等多处了解到，因疫情封控而无法正常参加考试的情况，一般会另设隔离考场，让孩子们能够按时参加考试。

得知这个好消息，我立即联系王芳，我们小区孩子考试的事有着落了！让孩子和家长都放心，我们外围支援队伍一定安排好车辆，让孩子平平安安地参加考试！

这时，离刚开始鸿博家园一区实施管控的时间已经过去了将近一半，很多工作也趋于平稳开展。就在我觉得能喘口气的时候，工作群里发来一条消息，让我放下的心又提了上来。

## ▲ 婴儿降生阴霾扫尽，心手相连共迎解封

还记得之前我提到的那位临产的孕妇吗？其实，她是我的同事，她叫李蕊，是牌坊村委会的工作人员。3月9日封控的时候，她已经怀孕九个多月，随时可能分娩。3月15日凌晨4点，管控区里的同事发微信说，李蕊要生了，同时在小区内主持工作的陈副乡长也给我打了电话，我立即联系120和志愿者陪同队伍。3月的北京，春寒

料峭，管控区内居民就医，只能有一名家人陪护。李蕊的妈妈扶着她来到了小区门口，120还有10分钟才能到。我和副乡长通着电话，就听他喊道："李蕊！你先回去，这路特别滑，一会我让救护车开到楼底下，你先别过来！"李蕊的声音也通过凌晨寂静的空气传过来："没事儿！我在这儿等等就行！"

就是在这样一个特殊的阶段、在特殊的条件下，也在所有人的期盼下，李蕊在当天中午顺利生下了一名五斤二两的男婴，母子平安。如今已经过去三个多月，小宝宝已经过百天啦，我每每想起那个场景，还是能体会到当时的紧张、激动以及得知孩子顺利出生后的喜悦。

李蕊母子平安的喜讯第一时间在封控区里传开了，大家也都因为这个好消息备受鼓舞。但是说起孩子，可能是我们封控区里所有家长的痛。

3月9日凌晨，当我离开家的时候，我只是匆匆看了一眼孩子，就赶往单位。封控的这几天晚上，我一次又一次翻看着孩子的照片，

不知道他有没有想妈妈！但是，责任所在，重任所托，为了控制疫情，为了几千名居民的身体健康，我们不得不有所牺牲。

正是全体群众工作组同事们秉持着牺牲小我、成就大我的工作态度，使小区内 1550 户、4119 人平稳度过了 14 天管控时间。就在解封的前两天，工作群里又发来一条新消息。

一户居民家里的马桶堵了，已经从上午堵到了中午。接到消息后，我联系了物业保障组，询问物业工作人员能否上门疏通。没想到该居民家里是把打扫卫生用的刷子堵在马桶里，导致"进退两难"，只能更换马桶。王芳协助该户居民联系了房东，在确认可以更换马桶后，两个小时新马桶就运进了小区。

居民的诉求就是我们工作的方向，从一开始的焦头烂额，到最后的游刃有余，我们心往一处想，劲儿往一处使，让我们的群众工作干得顺利、干得平稳、干得漂亮！这里有小红门乡党委正确的领导，有小区内外每一名保障工作人员的齐心协力，更有小区内 4000 多名居民对我们工作的理解和支持！

当前，新冠疫情在北京的防控形势依然严峻，不仅是我乡的一社区、肖村先后出现了病例，十八里店乡等邻近街乡也有病例被检测出来。面对骤然紧张的疫情局势，乡党委带领全乡上下迅速行动，深查细排，快筛严管，抓细抓实各项疫情防控举措，而我和天天也都再次投入到全员核酸检测的工作中。

## 一次危机一场考验，一段经历一生难忘

新冠肺炎疫情是一次危机，更是一次大考。习近平总书记指出："要始终坚持人民至上、生命至上，坚持科学精准、动态清零，尽快遏制疫情扩散蔓延势头。"我们身在基层、身在一线，就是顶着压力硬着头皮也要上！

我始终明白的是，北京何时能够再次回到持续零新增的状态，取决于每一位北京人的坚守与付出，而对于小红门乡来说，人心稳才能社区稳，才能疫情稳，而保障民生又是稳定人心的是基础。居民对我们的信任，是在工作中一点一滴积累出来的！我们是普通的基层工作者，更是筑牢疫情防控战线的一格一网。

面对疫情，我们既要正视困难，更要坚定信心。我相信，在以往工作经验的基础上，我们一定能够再接再厉，抓紧抓牢防控工作，把责任落实到每一幢楼宇、每一个单元、每一个家庭、每一个人，以实际行动把上级及乡党委的决策部署落实到位，埋头苦干砥砺前行，共同维护平稳安全的乡内环境、健康向上的社区状态，实现"动态清零"，向区里、市里递交一份满意的答卷，以优异成绩迎接党的二十大胜利召开。

# 党旗在抗疫一线飘扬

3月9日凌晨，小红门乡接到区疾控中心通知，在鸿博家园一区9号楼内，有一名外地进京人员确诊为新冠阳性。接到通知后，小红门乡第一时间启动响应机制，成立工作小组迅速开展工作。

凌晨5点，第一批工作人员正式进入小区。首先，工作人员对发现阳性病例的9号楼进行了封控管理，实行"区域封闭、足不出户、服务上门"，小区9号楼以外的其他居民楼划定为管控区，实行网格化管理。

随后，工作人员第一时间建立台账，并在寒风中搭建核酸检测点。在此期间，机关干部、社区工作者、村干部及党员志愿者、物业人员等，共计200余人，投入到这场"战斗"中。

为了安抚居民的不安情绪，乡党委第一时间撰写并逐楼逐户张贴了《致鸿博家园一区居民的一封信》，并实时告知居民封管控区域里的情况，打消了居民的疑虑。

仅第一天，工作人员就按楼门单元为单位，建立了39个居民微信联络群，社工及志愿者在群里传达防疫相关要求的同时，也及时了解居民需求，并为居民答疑解惑。

为了保障居民的正常生活，乡党委第一时间联系了京客隆超市等供应企业，明确生活物资、快递配送点位及配送方式，为居民生活提供保障，对有应急就医、必需药品等特殊需求的居民，乡党委开通了绿色通道，提供多元化、个性化的服务。

3月15日，小红门乡肖村确诊了一位新冠阳性患者。随即，肖村实施了临时管控。临时管控后，小红门乡党委第一时间成立了临时党支部。来自辖区机关、社区、村等各战线上的390名党员干部及党员志愿者纷纷应战，义无反顾地冲向疫情防控第一线，让鲜红的党旗在一线飘扬。

为了有效阻断疫情的传播，乡党委立即成立了肖村封控管控、后勤保障、转运隔离、群众工作、物资配送、核酸检测、就医保障、应急维修、治安巡防、环卫消杀10个工作小组，全力做好821个院落、5466名居民的生活保障及疫情防控工作。

疫情无情人有情，正是防疫人员、居民、企业手拉手、并肩战，才使得我们在14天内打赢了这场防疫阻击战。3月24日早8：30，随着小红门地区办事处副主任王军郑重宣布，鸿博家园一区正式解除管控！七天后，肖村也正式解除了管控。在这场战疫中，每一位"大白"都是抗疫的英雄，每一位配合防疫要求的居民都是打赢这场战疫的勇士。病祛疫散，共盼春来。担当奉献，必迎花开。

**延伸阅读**

从1到14，这不仅仅是一串普通的数字，更是一份份责任、坚守与温暖。14天的封管控时间，无数的无名英雄投入到这场"战斗"中。他们之中，有乡里工作人员，有社区的骨干力量，有来自全区各个单位的志愿者。虽然身份不同，但是在封管控区内，他们无不践行着自己的初心与使命。

在这14天里，工作人员经常刚拿起盒饭，就看到群里有取快递需求。然后，他们默默地放下手中的饭菜，拉起推车直奔西门快递架，只为了让居民的诉求早点得到解决；在这14天里，工作人员经常在核酸点位上一遍遍重复着"保持距离"，即便嗓子都已经沙哑，只为让大家避免任何潜在风险；在这14天里，工作人员没有叫苦叫累，因为他们知道，封管控区里的百姓同样艰难，无数居民需要他们的帮助。

在鸿博家园封管控期间，乡党委共派驻机关及各社区、村干部85人，驻派保安人员170人、物业公司职工47人，全部实行全闭环管理，服务保障小区百姓居家生活。建立楼长、单元长机制，新建32个居民微信联络群，乡、社区（村）干部包楼包户，做好居民的情绪稳定工作，传达防疫相关要求。

14天来，封管控区工作组共服务群众21000余人次，其中，代收运送快递及居家设施设备维修等服务15000余人次，发放慰问物资5200余件，协调医疗处置897人次，代开药品425人次。期间，共组织核酸采样17335人次，转运生活及医用垃圾43.1吨。

在另一个封管控点位——肖村，14天的封管控时间里，乡党委共派驻乡机关及各村社干部86人，驻派保安人员260人、应急维修工人及保洁人员23人，全部实行全闭环管理。建立片区长负责机制，新建 16 个居民微信联络群，保障辖区居民居家生活。

14 天里，封管控区工作组共服务群众 25500 余人次，其中，代收运送快递及居家设施设备维护等其他服务 11300 余次，发放慰问物资 12018 件，协调医疗处置（代开药品及外出就医）246 人次，更换煤气罐 169 罐，换水上门服务 220 次。

14 天的坚守，14 天的陪伴，14 天的风雨同舟，14 天的守望相助，一次次取送快递、一趟趟送医取药、一遍遍上门核酸，工作人员们用贴心、暖心、真心服务换来了居民的真挚谢意，守护了万家灯火的平安。

宣讲人 ｜ 林祖帅 ｜ 小红门乡平安建设办公室科员

# 党旗红，冬奥蓝，映照我初心

2022年2月20日，万众瞩目的北京冬奥会闭幕式完美落下帷幕，一流的比赛场馆设施，出色的组织服务工作，赢得全世界人民的广泛好评。

平凡铸就伟大，英雄来自人民，一次次国之盛举被写进历史的背后，离不开无数幕后服务者的付出。回眸这场冰雪故事，我们看到奥运赛场外，也飞舞着无数朵"雪花"，他们隐身于角落，用担当与奉献书写着最美的冬奥故事。寒冷的天气阻挡不住他们志愿服务的热情，繁重的工作无法浇灭他们心中的火焰。北京冬奥会的成功举办，离不开每一位台前幕后工作人员的辛勤付出。冬奥虽已闭幕，但志愿精神却会永存。在小红门地区，有一位冬奥志愿者，他牺牲春节假期陪伴家人的时间，与20多位专家驻扎酒店63天，用专业的服务和饱满的热情开展冬奥服务支援保障工作，为保障奥运盛会顺利开展贡献自己的全部力量。

我在2022年冬奥会和冬残奥会期间，入驻朝阳区赛特饭店负责服务保障的奥运志愿者。自1月18日入驻以来，作为服务保障专班综合协调的副指挥，在63天的时间里，我与20多名来自各领域的专家们一起攻坚克难，以"零事件、零失误、零投诉、零感染"的成绩，圆满完成了冬奥保障任务。虽然冬奥会已圆满结束，但只要提到那段服务保障工作，我的内心仍然久久不能平复。

## 初心如磐，在坚守中彰显担当

人们都知道举办一届成功的奥运会是多么不易，但在疫情下成功举办冬奥会更是难上加难。不仅要让全世界感受到"无与伦比"奥运盛会的精彩，更需要做好"以人为本"的疫情防控，并同时保证观赛体验和社会平稳运行有序。

我相信很多人都到过现场，参加过奥运会的开、闭幕式，欣赏过比赛，但是当您乘坐专线交通来到赛区，身处氛围热烈的比赛现场，看着运动员激情洋溢的表现，您有没有想过，这背后需要多少人的努力，才能保障盛会的顺利召开？尤其是在疫情期间，为了不让病毒在社会面进行传播，所有奥运酒店都启动了闭环内外独立运行体系，我所在的赛特饭店就是这闭环管理的其中一环，负责为闭环内服务保障奥运安保的武警、特警同志们提供专门的志愿服务，确保内外不交叉，可以说我们是服务志愿者的志愿者。

听到这可能会有疑问，武警、特警又不是外国运动员，对他们也需要坚持如此严格的闭环管理吗？大家有所不知，在东京奥运会距离开幕式不到一周时，外媒就曝出了巴西柔道奥运代表队所入住的酒店有八名员工新冠检测呈阳性的报道。

在当时，"奥运酒店"并不是只有奥运会的代表选手入住，很多游客也会入住，只是不在同一层，但出入餐厅、大堂时不同人员仍然会有交集。咱们的战士经常在比赛场、训练场、冬奥村安保巡逻，可能会与奥运选手产生时空交集，如果疏于管理的话，很容易导致

疫情扩散到社会面。对于每个专班成员，防疫安全是所有任务中的重中之重。

## 事无巨细，用生命见证历史

赛特饭店共有 14 层、269 套房间，22 名专班成员、56 名酒店服务人员，如何安排好人员分工，如何让人员在饭店内做到有序行动、互不交叉，如何既保证疫情防控安全，又让战士住得舒适便捷，

成为我这个副指挥面临的第一个考验。时间紧、任务重，要求高，还来不及适应环境，"忙"就成了我首先需要适应的内容。专班第一时间成立临时党支部，建立了"指挥长—副指挥长—八个执行组"三级指挥体系，每天早晨 9 点定点开会，汇总情况，做好上下联动。

为了划分饭店的闭环、非闭环区，确定好交通流线、餐饮流线、物资保障流线，在指挥长的带领下，大家一遍遍核实各楼的房间和床位数，一次次到现场勘察流线和挡板设置，与餐饮部多次论证错峰就餐安排，研究了三天三夜，每天都要走一万多步，总算敲定了最佳方案，形成了符合赛特饭店的"一店一策"防疫方案。

那几天我深刻地感受到，每个专班人员热爱国家、热情服务的真情实感。大家每天连轴转，忙得连饭都没空吃，就连餐厅阿姨都知道，指挥部那几个人"一直在忙"，只要他们来吃饭，后面就没人再来，可以开始收拾餐桌了。

梳理好工作流程、定下方案后，日常运转随之流畅起来，我的工作感受也从"忙"变成了"磨"。有些工作看起来不难，但非常细碎磨人，不能出错。每日督促每个小组对入驻人员做好有效身份证件、健康宝绿码、核酸检测阴性、全程疫苗接种"准入四条"核验；规范安保、防疫、交通、登车流程，确保人员和车辆无一"脱环"和"破环"；每日 16 时和 24 时对数据进行统计核查。

## 暖情安慰，让志愿精神扎根冬奥

那段日子里，自己的"生物钟"被自动调节成凌晨一两点睡，清晨五六点起。就像习近平总书记在冬奥会、冬残奥会总结表彰大会上说的，我们的工作是顶着星星走、迎着星星来。但是，没一个人叫苦，为了冬奥会圆满成功，每个人都在全力以赴。

虽然专班成员兢兢业业、一丝不苟，但每天在封闭环境下重复劳动，内心难免会有些波动。有一次，我在例行走访时，发现一位女同志双眼红肿，好像刚刚哭过一样。

通过一番谈话，得知原来她是一位年轻的"宝妈"。"林指挥长，我没耽误工作，作为一名共产党员，我深知肩上的责任与重担，我不会给咱们集体讲条件、拖后腿。但是一想到封闭期间家里两个孩子没人照顾，老二才两周半，刚刚和家里视频，孩子直叫妈妈，我实在是没控制住！"说完又扭过身子潸然泪下。

我赶紧安慰道："没关系，我理解你，为人父母都不容易，但是一个人也要有家国情怀，必须要有责任和担当！我相信你的家人会理解你的。"随着工作开展，她也逐渐获得了家人的理解。

记得专班工作结束后，她还主动找我，告诉我这段经历让她感慨颇深，她说："虽然工作很忙，但我看到每个人都眼里有光、秉持信仰、坚守初心！我已经把这些片段都记录下来了，准备回去讲给孩子听，传承奥运精神和奥运财富。"

冬奥会恰逢春节，在这个中国传统佳节团聚的日子里，不仅"宝妈"志愿者放弃了与家人团聚的甜蜜时光，所有的志愿者都放弃了与家人的团圆，坚守在无数个"平凡"而又"微小"的岗位上，默默付出。

作为专班的"大家长"，我积极协调饭店组织开展春节联欢会、猜灯谜闹元宵、"三八"国际劳动妇女节等庆祝活动，丰富了大家闭环内生活。

当看到健儿夺冠、五星红旗在赛场上冉冉升起时，我们也和大家一样，在电视机前欢呼雀跃，更加深刻地感受到了国家大事和个人命运的紧密联结，心里的自豪感油然而生。有人问我，你参加专班最大的感受是什么，我认为就是：并不是只有在危急关头、重要时刻挺身而出才代表热爱祖国。每个人在"平凡""微小"的岗位上坚守做事的初心，这样的"微光"也可以和冬奥会的火炬一样，点燃成为我们国家的强大力量。

**延伸阅读**

　　志愿者（Volunteer）一词来源于拉丁文中的 "Voluntas"，意为"意愿"。在 2008 年北京夏季奥运会中，无数志愿者给全世界观众留下了深刻的印象。在场馆周边、景点周边都能看到这些志愿者的身影。他们为来往的游人提供帮助，把这座城市热情好客的一面展现给全世界。2020 年，疫情席卷了全球，相比 2008 年北京夏季奥运会，2022 年冬奥会对志愿者的要求和管理都更加严格。即便如此，他们的意愿也没有降低，在北京冬奥会期间，共有 1.8 万多名赛会志愿者和 20 余万人次城市志愿者参与服务。他们是赛会顺利运行的重要保障，默默奉献的同时积极传递正能量，共同用实际行动生动地注释了志愿精神的实质内涵，并且作为文化、友谊、团结的使者，成为冬奥最温暖的光和"一起向未来"的重要力量。

**宣讲人** 续春玲 │ 小红门乡恋日绿岛社工

# 拆除违法建筑，
# 让"群众笑容"成为"最美风景"

治理顽疾顽症，提升社区品质，这几乎是每个社区都面临的问题。毛主席的《新民主主义论》中提到了不破不立的观点，正是这种正确的观点，给我们的社区发展建设指明了方向。不破不立，破而后立。在乡党委的坚强领导下，恋日绿岛社区采用先做减法再做加法的方式，不惧困难，迎难而上，勇于直面拆违这一难题。不过，社区中的违章建筑大多都是居民的自建房，拆除难度可想而知。但是，为了社区的公平公正，为了小区能获得更好的绿化品质，再难的难题也阻拦不了他们为民办事、心向百姓的信念与脚步。

## ▲ 整治城市顽疾，让鸟语花香回归社区

违章建筑可以说是城市化建设中的一个顽疾。前些年，在我们恋日绿岛和燕归宁社区，存在着不少违章建筑。和一般的违法建筑

不同，违章建筑大多都是居民的自建房，但是，小区里的公共空间以及绿地属于全体业主所有，等于说，这些自建房侵占的是小区业主的利益。另外，从安全角度出发，有些主体建筑用料不规范，一旦发生火灾，还会殃及周边邻居，后果不堪设想。

其实，我们也知道拆除违建一定会碰钉子，但如果迟迟不解决这个问题，搭了违建和没搭违建的居民，难免会心生嫌隙，原本充满笑容的和谐社区，也会出现邻里之间的问题。所以，如何解决地区的这一顽疾，真的成了我们的一块心病。

## ◤ 用脚丈量违建数据，用心和百姓建立沟通

经过将近一个月的前期摸排，两个小区的违建共计 63 户、89 处，涉及 1783.52 平方米。在摸清数量后，我们在书记的带领下，立即成立了工作小组，并于当天下午就对涉及违建的居民进行入户通知。

　　其实，第一天入户的时候，我也特别忐忑，生怕百姓会抵触我们。很快我的担忧就成了现实，在敲开第一位居民家的门后，一开始居民还是笑脸相迎，结果一听我们是通知他拆除违建的时候，立马变了脸，然后直接关上了大门！第二家居民也是类似的态度，接连吃了闭门羹，让我觉得特别委屈，怎么才能让居民接受我们？怎么才能顺利地开展工作呢？就在我愁眉不展的时候，组长赵凯的一番话，让我们所有人都备受鼓舞。

　　赵凯说："居民给我们闭门羹吃，是因为他们只知道我们要拆他们的'房子'，但是这些业主根本不明白违建的危害，这些违建工程质量根本没有保障，一旦出现问题，物业是不会管理维修的，而且住建委已经对违建进行了备案，这些房屋是不能上市交易的。所以，违章建筑真是百害而无一利。"赵凯的一番话让我茅塞顿开，对！拆除违建不但能保障居民权益，更是利国利民的好事！接下来的几天，我们加大了入户宣传的力度。渐渐地，几乎所有的业主都能心平气和地与我们沟通，但还是有一户居民，一直不配合我们的工作。

一天下班后，我和赵凯准备去这户居民家再碰碰情况。走到门口时，正巧赶上居民下班回家。住在这里的是一位姓赵的大爷，我们还没张口，赵大爷就说："我搭这个小屋不是为了占便宜，你们能不能别老盯着我不放？"

后来我们才得知，赵大爷家住着三代人，本来就是一个不怎么大的三居室，还被孩子的东西挤得满满当当。因为北面的卧室太小，赵大爷搭出来的这个小屋，主要是给小孙子住，然后拿北面的卧室当储藏间。

看到赵大爷家的情况，我也对自己的工作进行了反思。不是所有业主的私搭乱建都是想给自己弄个茶室、影音间，像赵大爷家这种存在实际困难的，我们不能一概而论。当天晚上，我们就召开了一个线上会，在会上大家集思广益，并拿出了一套解决方案。

第二天，我和同事拿着方案又来到了赵大爷家，并承诺大爷，我们负责把自建小屋内的所有东西和北屋的杂物进行对调，然后拆除自建小屋后，所有之前铺设的瓷砖或是其他东西有损坏，都由我们来修复。而且向大爷保证，一定在施工后，让大爷家一尘不染，不影响全家人的生活。看到我们的诚意，赵大爷最终也愿意配合我们接下来的工作。

## 恒心构建决心，难题终被攻破

为了趁热打铁，我们一天都不敢耽搁，协调施工队、搬家公司入场，眼看拆除工作可以启动的时候，一波因境外输入而导致的疫情暴发了。那时正值临近年底，我们社区所有工作人员一上班就打电话通知居民要进行核酸检测，一直到晚上八九点我们才通知完。

第二天早上六点，我们又全员出现在核酸检测现场。最让我感动的还是社区的同事赵凯，多日的核酸检测结束后，他一天也没有停歇，马上投入到拆违的工作中。事后有位居民对我们说："其实我心里是不情愿的，但是看你们社区的小赵，昨天还帮我们做核酸，第二天就上门找我签拆违同意书，就冲他这认真劲儿，我们也得支持。"赵凯的干劲也激励了我们所有人。在大家的共同努力之下，63户拆违同意书和协议都已经签好。看到这些文件摆在会议桌上的时候，我们所有人的心情都是难以表达。

几天后的一个上午，随着乡领导的一声号令，拆除工作终于启动了，看到一个个私搭乱建的简易房被拆除，困扰我们心中的这个石头终于落地了！拆除后，我们还最大限度地为百姓回归原样，居民的脸上也都露出了久违的笑容。

将近一年的时间，我们从前期摸排、入户宣传，到签订责任书，乃至最后的拆除，这一切的经历，可谓克服了重重的阻碍，我们不但完成了任务，而且实现了工作过程中的零投诉。如今，我们不但收获了信任和满意，拆除违建后，居民也收获了更好的环境，新增了相当于半个篮球场那么大的绿化面积。如今这些地块都已经补种了绿植，

　　一到春夏之际，小区里绿树林荫，鸟语花香，看到社区可喜的变化，居民们脸上都绽放了开心的笑容。未来，我们也会把拆违的经历细致总结，让它变成一种精神、一种动力，指引我们在其他工作中，继续攻坚克难，砥砺前行！

宣讲人　王　硕 ｜ 小红门地区政务服务中心科员

# 用心保障，用爱托起稳稳的幸福

百姓民生保障工作的背后，有这样一群人在看不见的地方辛勤忙碌着，做好连接群众与政府之间的桥梁，为居民的幸福生活添砖加瓦。加班加点是他们的工作常态，承受群众不解的目光是工作的必修课，但他们仍然毫不气馁，坚持以服务人民为中心，从小事做起，从细节抓起，将主动服务和规范化要求融入日常工作中，把群众满意作为第一标准，耐心细致做好每项工作，对群众提出的问题做到件件有回音、事事有着落。

走进小红门地区政务服务中心，便民设施一应俱全，服务热情周到。各区域功能明确，咨询人员亲切地为前来办事的群众答疑解惑。优化政务服务办事流程，提升政务服务水平，中心工作人员一直在路上。

想群众之所想，急群众之所急。小红门地区政府服务中心自建成以来不断健全体制机制，依托一体化政务服务平台，推动政务服务事项向百姓延伸，切实打通了政务服务"最后一公里"。

2021 年，我从学校毕业，进入小红门政务服务中心，成为一名窗口工作人员。初登岗位的我，每天都感觉有挥洒不完的汗水，有用不完的力气，可每次为百姓办事，总感觉没有实际解决他们的问题。直到有一天，一位阿姨的出现让我的热情降到了谷底。

## 初出茅庐，打通服务群众"暖心路"

记得那位阿姨来到我们所里时神色十分焦急，拿完号就径直朝我走来。"我到底能不能办下低保？"阿姨这么一问，我当时也懵了。

"阿姨，办理低保不是我们窗口人员一句话的事，您得满足以下条件。"没想到我一句平常的回答，却让阿姨火冒三丈。"你们就是不想给老百姓办事，我公公现在得了癌症，不给我办低保，我们一家子都没法活了。"

后来我才知道，阿姨之前在电话里咨询了很多次，但是因为接线的同事不是同一个人，导致每次都要重新反馈一遍问题。几次下来，

阿姨就觉得我们故意为难她。

后来的几天，我总是提不起精神，不知道自己的一腔热情为什么换不来群众的满意。领导可能看出了我的困惑，在一次吃饭的时候，语重心长地对我说："政务服务最考验一个人的业务素质和品德修养。业务强，办业务才能准；态度好，办事群众才会满意。要想想自己在这两点上，到底有没有欠缺啊。"

领导的话如拨云见日，没错，打铁还需自己硬。怎么用最短的语言解决群众的诉求？怎么能用良好的态度，打消居民的疑虑？这些，光靠一腔子热情肯定是不够的。后来，我开始加强自身学习，努力让自己变成政策"活字典"。慢慢地，我对国家社会保障的理念也有了更深的理解。其实，社会保障就如同一张惠民大网，兜住的是百姓生活保障的底线，托起的是地区群众稳稳的幸福。

### ▲ 从紧从快，基层政务服务跑出"加速度"

随着工作的深入，我独自成功办理的业务越来越多，面对前来办事的群众也越来越游刃有余。其中一位70多岁的老人给我留下了十分深刻的印象。老人走进社保所时看起来很沮丧，通过询问得知，她知道国家出台了一个补缴基本养老保险和基本医疗保险费的政策，补缴后，可以享受到职工养老待遇。老人家里条件较差，如果能提高待遇，把每个月多给的钱存起来，年底就能攒齐孙子的托幼费。她已经跑了三个地方，都不收她的材料，走投无路之下，想到了社保所。

了解情况后，我秉持着"首问负责"的办事流程，向上级和兄弟单位打电话咨询请教，并追溯了近期的社保政策，终于找到北京市劳动社保局在2005年发布的、符合老人所述情况的111号补缴文件。找到文件只是第一步，是否符合政策、需要准备什么材料，这些问题如排山倒海一般涌来，看着老人期盼的眼神，我和所里的工作人员决心一定要把这件事办好。

后来的两个月，我们牺牲了自己的休息时间，多次开会讨论，

并带着老人跑了两趟区社保中心，又多次到社区帮她开具材料，最终在第三个月时让老人收到了职工养老待遇的退休金。收到这笔钱后，老人特地来到社保所激动地抓着我们的手说："真是辛苦你了！我这个老婆子给你们添麻烦了！"

让大家都没想到的是，第二年北京市就把 2005 年 111 号文件作废了，这意味着如果我们当时拖延了个把月，老人这事就永远办不成了。这也让我明白，无论群众提出什么诉求，只要是我们工作范围内的，一定要从速从快，绝对一分钟都不能拖延，不然群众的利益很可能就得不到保障。

在我们中心流行着这么一句话，没有群众的不是，只有我们的不周。记得那是 12 月的一个早晨，中心玻璃窗外冻得像一张灰白色照片，找不到一点颜色。岁末年终，办事的群众络绎不绝，整个中心都在紧张有序地为群众办理年前需要处理的业务。在核对龙爪树村一位老人发放的养老金时，一位工作人员手上的动作突然慢了下来，心里说："区里核算的额度怎能比自己核算的少了 280 元？虽然没到实际拨付日期，但放任这么错下去，每个月都少 280 元，可不是小事！"工作人员立刻给老人打电话核实情况，没想到老人身体状况不太好，无法前来中心，只能听懂大概意思，但说话困难无法交流。得知这个情况，我们所的工作人员立即上门核实材料，并把实际情况上报到中心领导和区社保所。

12 月 31 日最后一天下午，工作人员看到系统终于改为正确额度后才松了一口气。老人得知这一情况，立即让自己的妹妹赶到中心，对我们的工作人员连连道谢。看到此场景，我的脑海中一下就冲散了冬日灰白的颜色，这一幅幅温馨的场面，都是我们为民办事的真实写照！

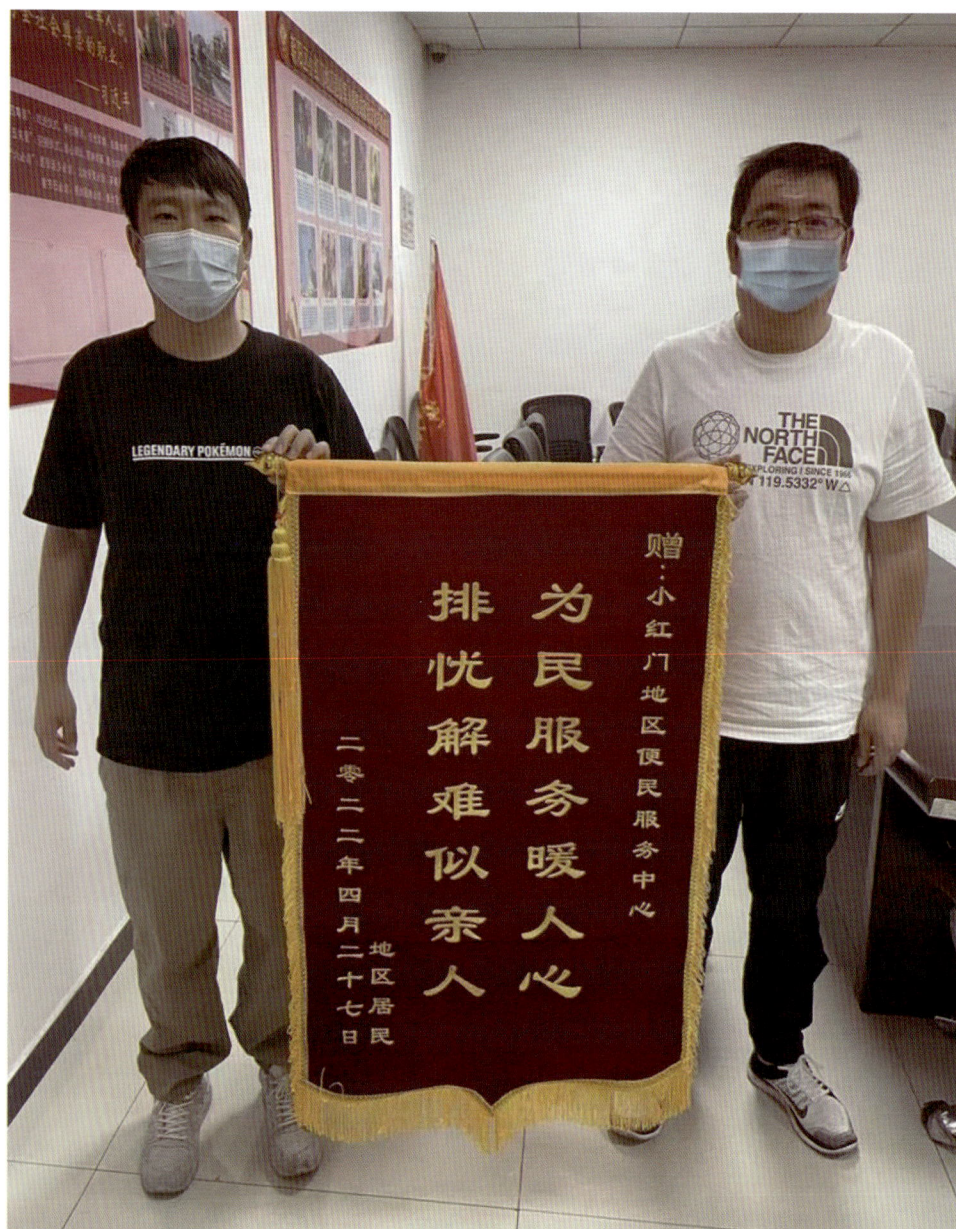

中心的工作不仅是为群众服务，也包括为企业提供政策服务包。最近我们推出延时服务，每天上午、下午都多上半小时班，尽可能

满足大家在"家门口"办事的需求。虽然工作时间长了，但是每次听到大家的感谢，收到大家送来的锦旗，我们都由衷地感到骄傲与自豪。政务服务中心的一个个窗口，一头连接着党和政府的好政策，另一头连接着群众的幸福生活。当前，党中央发出了迈向新征程的伟大号召，新时代应有新作为，新征程需有新发展，政务服务中心也将在新发展中不断织密惠民网，以更加优质的政务服务实现小红门民生幸福的最大公约数。

**延伸阅读**

正如文中所说：政务服务中心的一个个窗口，一头连接着党和政府的好政策，另一头连接着群众的幸福生活。窗口工作虽然琐碎平凡，却关乎每一位办事群众能否开心而来满意而归，小小的窗口每天都在上演着一个个平凡温馨的场景。工作人员严谨细致的工作态度温暖了人心，也温柔了岁月。目前，在小红门地区，低保办理、就业咨询、医疗报销、住房咨询等与民生相关事项纷纷进驻政务服务中心，在方便群众办事的同时，也让政务服务中心真正搭建起了政策与居民之间的桥梁。

宣讲人 王晋贤 | 小红门乡八十中睿德分校学生

# 新时代，新青年，新家乡

中国共产主义青年团，简称共青团，2022 年是中国共产主义青年团成立 100 周年。

1922 年 5 月，团的第一次代表大会在广州举行，正式成立中国社会主义青年团。由此，团组织正式诞生了。2022 年 5 月 10 日，庆祝中国共产主义青年团成立 100 周年大会在北京人民大会堂隆重举行。

百年风雨兼程，百年沧桑巨变，共青团始终坚定不移跟党走，团结带领共青团员和广大青年前赴后继、奋勇争先，书写了中国青年运动的壮美华章。青年兴则国家兴，青年强则国家强。截至 2021 年 12 月 31 日，全国共有共青团员 7371.5 万名。

不忘初心，青春朝气永在；志在千秋，百年仍是少年。共青团像灯塔一样照亮了无数中国青年的前进道路，激励着一代又一代青年自强不息，奋勇拼搏。

今年是中国共产主义青年团成立100周年，我想问大家一个问题，1922年，共青团是在哪个城市，具体什么时间成立的？如果叔叔阿姨被这个问题问住，我认为是很正常的，因为去年才入团的我，也是通过一次生动的教育学习，才真正了解了共青团的历史，切身实地地感受到共青团的艰辛与伟大。

# 百年波澜壮阔，青春踔厉奋发

记得那是今年2月的一天，我随同学一起参观了百年团史的展览。走到团徽展示的橱窗时，我被一个极具年代感的团徽震撼了。虽然这枚团徽是复制品，但依然能看出制作者的精心，似乎团徽上每一块凹凸不平，作者都在追求着精益求精。通过咨询我才得知，虽然共青团在1922年5月5日于广州成立，但是，当时全国很多城市的团组织还不完善，我们的革命先烈抱着为党培育后备力量的决心，冒着生命危险回到各大城市，开展团事活动。由于经费有限，一枚团徽要佩戴好久，都不舍得换新。注目着这枚团徽，我似乎能感觉到它和革命先烈一起经受了枪林弹雨，一起走过了那段艰难的岁月。回看我们今天的生活，我感受到了我们国家这一路走来的艰辛与不易。其实，回望我的家乡，同样走过了无数的困苦，才能取得今天的成就。

我出生在北京夏奥之年，也是家乡城市化进程的启动之年。从我记事儿起，我家附近就都在拆迁。每天上幼儿园要走好长一段路才能坐上到学校的公交车，这段路真是让家里人提心吊胆，路上不但烟尘飞扬，交通也是一片混乱。那时家里人总说，要是家门口能多几辆公交车就好了。后来，爸爸妈妈为了照顾我的安全和学习，在学校附近租了套房子，这样一来，我们只有周末、节假日才能回到本属于我们的家中。

春去秋来一晃六年过去了，我也从幼儿园升入小学，和我一起成长的还有我的家乡。上学的那条路终于摆脱晴天一身土、雨天一脚泥的路况，整个拆迁区都变成了现代化的社区，小红门乡更是摘

掉了教育洼地的帽子，让我们在和其他区的同学交流时，也能自信的挺直腰杆儿。曾经家里人最盼望的公交车，也直通到了家门口，想一想，好像孩童时的梦想如今都变成了现实。

2022年，注定是不平凡的一年。这一年，疫情在我的家乡多次暴发。不过，每当大家因为疫情而人心惶惶的时候，乡党委、政府总能做我们坚实的后盾。让我们更加欣慰的是，在抗击疫情的同时，家乡的发展也没有停下脚步。走在小区的道路上我们可以看到，过去总有自行车、电动车占用盲道，如今政府组织了很多志愿者，优化无障碍设施，为残弱群体营造安全、通畅舒适的出行环境。不仅如此，几乎乡里所有的道路都划出了停车位，道路的环境和秩序得到了进一步改善。一个又一个便民措施的落地，让家乡的环境面貌越来越好，我们的心里也越来越暖。

## 红船光芒万丈，青年勇往直前

习总书记曾经鼓励我们新时代的年轻人，要树立对马克思主义的信仰、对中国特色社会主义的信念、对中华民族伟大复兴中国梦

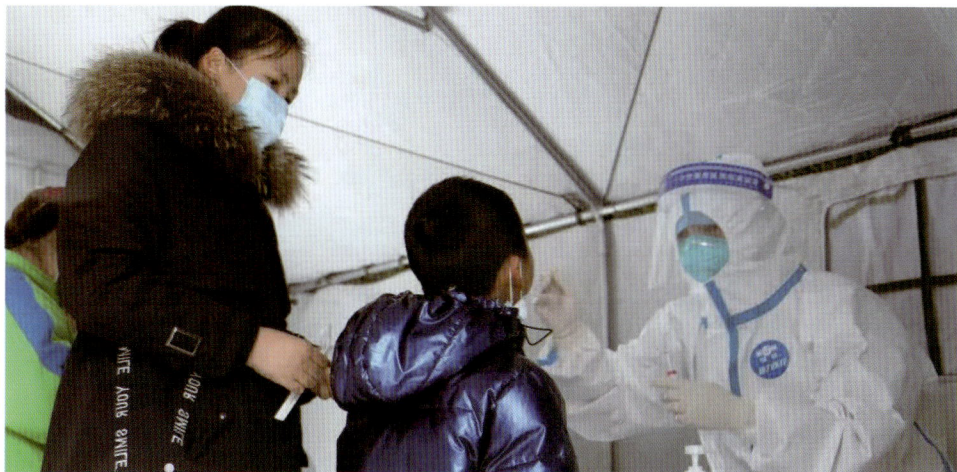

的信心，到人民群众中去，到新时代新天地中去。作为一名共青团员，我想我更有理由把自己的感受传递给更多的人。

共青团的参观学习结束后，我决定利用课余时间学习团史，并利用微信群分享给身边人。开始，我们的微信群只有座位周边的几名同学，后来发展到了全班甚至隔壁班，虽然这些内容可能不会出现在试卷上，但却是激励我们这些后辈前进的初心和动力。出人意料的是，这个微信群竟然在建立的一月后发挥了难以想象的作用。

2022年3月9日凌晨5点多，两名穿防护服的工作人员敲开了我的家门，统计近期出行和家庭情况。原来，我们隔壁小区发现了一例新冠阳性患者。通过流调分析，我们小区的住户也要被排查。3月的北京非常寒冷，但是那些参与疫情防控的叔叔阿姨不畏严寒，奋力奔波在小区里。

虽然我们所在的小区没有被封控，但是通过乡里的公众号我了解到，为了保障封控区内的百姓日常生活，社区的叔叔阿姨每天都要为大家拿快递，开展核酸检测。看到这一切，我在心里默默地说，自己一定要为疫情防控做点什么。正巧3月18日，天空飘起了雪花，严寒加上高强度的工作，我觉得社区的叔叔阿姨一定会非常劳累。于是，我就在群里发了这么一段文字："同学们，虽然18岁后才能当疫情防控的志愿者，但是我们在封控区的同学能不能做点力所能及的事，为社区的叔叔阿姨减轻负担。我认为可以在取外卖时把周边邻居的外卖一同拿回来，这样，社区的叔叔阿姨就能少送几份外卖！"

一些在管控区的同学看到我的信息，十分支持我的想法。就这样，同学们纷纷和附近的邻居建立了微信群，每天取东西的时候，都会提前在群里咨询大家有没有要帮带的。慢慢地，群里的小伙伴都跟我反映，大家形成了互帮互助的模式。虽然我们能做的事很渺小，但是我希望通过我的呼吁和行动，能让涓滴之水，真正润泽家园。

不久的将来，我也将结束初中生涯，向更高的阶段迈进。作为新时代的年轻人，作为建设社会主义现代化强国的生力军，我一定会继承五四精神薪火，乘着时代发展的浩荡东风，立足自身、不断进取，将来学成之时再反哺自己的家乡，为小红门的发展贡献自己的力量。

**延伸阅读** ··········································································································

中国共青团在历史上曾经使用过不同的名称，而这些名称的变化确实是事出有因。当共青团在中国刚刚诞生的时候，它使用的名称是"中国社会主义青年团"。为什么要使用这个名称呢？那完全是为了适应当时中国社会的实际，为了适应当时开展中国共产主义运动的需要。

据相关历史资料记载，在五四运动前后，西方的各种社会思潮纷至沓来，百家竞起，百家争鸣。在各种思潮涌动宣传的过程中，逐渐出现了一个介绍宣传社会主义的热潮。"共产"两字，对小资产阶级意识浓重的群众来说，是一时难以理解的，社会上的一般人也因无法接受"共产"的概念而难以认同。

上海共产党早期组织在筹建中国共青团早期组织的时候，考虑到团组织是共产党的"预备学校"，加入这个组织的青年团员需要通过实践来深入学习和理解马克思主义，并对各种繁杂的"社会主义"流派做理论上的分析、判断，最后成为一个科学社会主义者。鉴于此，为了能够团结和吸引更多的青年加入团组织中来，决定将团组织的名称定为"社会主义青年团"。

团的一大召开时，也沿用了这个名称，把正式成立的团组织的名称定为"中国社会主义青年团"，团的第一次全国代表大会定名为中国社会主义青年团第一次全国大会。

1923年年底，第一次国共合作建立后，经过一年的奋斗，中国革命的形势发生了巨大变化，开始趋向高潮。在这种形势下，人们开始对共产主义有了一定的了解，于是在1925年1月召开的中国社会主义青年团第三次全国代表大会上通过《宣言》，宣布中国社会主义青年团改名为中国共产主义青年团（在当时文件中常用C.Y.替代）。在大革命和土地革命时期，中国共产主义青年团通常被简称为"共产青年团"或"少共"。

宣讲人　张　琬｜小红门卫生服务中心护士

# 白色战袍，红色信仰

抗击新冠肺炎疫情，这是一场没有硝烟的战争。在这条奋战之路上，各地区各部门守土有责、守土尽责，来自各行各业的"战疫者"们冲锋在前，他们众志成城、团结一心、拼搏一线，他们是默默奉献的无名英雄，谱写了一曲曲令人动容的暖心赞歌。作为疫情防控的排头兵，地区卫生服务中心的医护人员，将守护居民健康作为第一职责，认真抓好每一个细节，暖心对待每一个生命，为筑牢疫情防控屏障贡献力量，用实际行动践行着医务工作者的初心与使命。

## 白衣天使全员上阵，拼搏抗疫守护百姓

小红门卫生服务中心一共有 111 人。疫情来袭后，这 111 名白衣天使，统一有了一个新的身份，那就是"大白"。很多人说，有穿防护服的"大白"出现的地方，一定存在着危险，不是做核酸就

是有病例。但是我想说，除了这些，有"大白"的地方，一定还会有安全，一定还会有安心。

记得那是2020年1月下旬，我接到通知，一位地区居民从湖北返京，需要我们到居民家中了解情况，并为他进行检测。说实话，那是我第一次正式穿防护服，拉上拉链的那一瞬间，一种窒息感迎

面而来，以至于随行的老师傅跟我说什么，我一点都没记住。

进入居民家中后，我努力让自己镇定下来再给对方做核酸，但是对方坐下后马上就是一个急促的呼吸，对着我的面罩就要干咳，这时我身后的老师傅一把把我挤到了一边。当时我真的反应不过来，心也提到了嗓子眼，要不是中心的老师傅、老党员，及时护住了我，我感染新冠病毒的风险可能会大好几倍。

现在想想，疫情暴发了三年，要说最难熬，真的就是第一年。那一年，中心领导班子在春节期间主动放弃休假，书记带头连续加班，并按区防控办和乡政府调度安排，协调全体人员参与疫情防控。

那时候，居民根本就不了解新冠病毒到底是怎么回事，每天我们都会接到好多咨询电话，也有不少居民前来开连花清瘟胶囊和感冒冲剂。虽然有医保，但我们也不能看着百姓白白浪费钱，所以我们每天还要有医务人员专门进行劝阻。那时候，我们都感觉到，好像每天有干不完的活，处理不完的事，即便面对1:100的服务比例，我们中心也没有一个人退缩，没有一个人请假。后来，随着疫苗开发完成，我们中心的大部分人员又投入到了疫苗接种工作中。

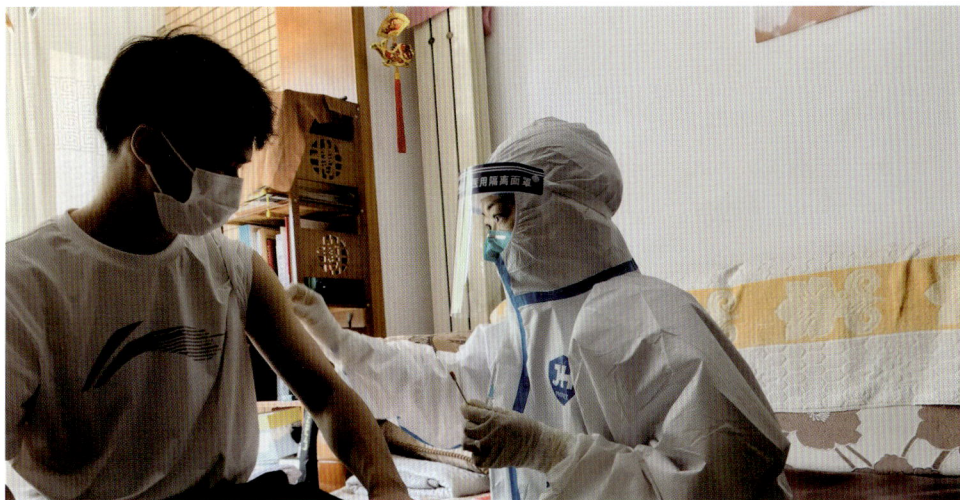

# 宣传疫苗接种，铭记使命担当

为了提高接种率，我们很多同事的手机都公开接受居民咨询。有时候，我们半夜都会接到电话。记得同事刘大夫就遇到这么一个病人，阿姨有60多岁，儿女都是大学毕业，他们对国家在如此短的时间内就研究出疫苗，始终抱着怀疑的态度。

一开始，阿姨打电话咨询，刘大夫解释完，她的儿子、女儿又分别咨询了一遍。说真的，我在边上听着都没耐心了，但是刘大夫始终从容回答。一开始我特别不明白刘大夫是怎么做到的，不过当我穿上防护服，看到衣服上写着医者仁心四个大字的时候，我突然明白了什么。其实，多接种一位百姓，就能保证多一个人不会被病毒侵害。古人常说，大德曰生，比起百姓的生命安全，我们牺牲点时间又能算得了什么。

如今，我们和病毒已经战斗了三年的时间，这三年，我们可以说一刻都没有松懈过。尤其是今年，在奥密克戎变异毒株蔓延以后，每个人都如临大敌。

我们中心的书记，在冬奥会闭环隔离刚刚结束后，没有选择回家，而是匆忙赶回单位靠前指挥；还有40多天就要退休的关瑞珍老党员，在大年初二就回到工作岗位一直坚持到现在；怀孕八个多月的护士刘玉坤更是带着身孕，与大家并肩战斗。无论"大白"们工作到多晚，司机师傅随叫随到，第一时间出现，保证样本及时送达区疾控中心。物资组随时清点防护物资，及时补充，保证一线人员的防护物品供应到位。通过我们的努力，小红门的疫情蔓延态势，被我们一次又一次扑灭。

# 如果抗疫有比赛，那中国应该得到一枚金牌

每天对敏感点位消杀，定期开展核酸检测，这些都是我们为地区百姓身体健康而筑建的屏障。习总书记曾说过，如果疫情应对有金牌，那中国应该得到一枚。作为一个负责任的大国，我们在极端严峻的形势下，依然成功举办了冬奥会，这些都是我们科学防疫的最好见证。

不过，新冠疫情从来没有停止过变异，仅2022年，国内多地都暴发了新冠疫情，其变异毒株均为奥密克戎。因为小区管控，很多百姓都发出了疑问，为什么我们不能像美国一样？美国人感染多是不是因为不戴口罩，如果我们放开防疫措施，做好自身防护，是不是就没事了？

对于这些问题，张伯礼教授回答的特别清晰："以中国人口的总数和密度，如果疫情暴发，哪怕只有1%的死亡率，我们是否能承受？"正如教授所说，作为一名医务人员，别说1%的人，就算是一条同胞的生命，我们也要不惜任何代价去挽回。

所以，在抗疫的路上，我们既不能忽略每一个细节，更不能忽视每一个生命，这也是我们医务工作者的初心与使命。回首这几年中，我们抗击疫情的点点滴滴，内心感慨万千。当初我入职的时候，从来没想过会有一天会遭遇疫情，不过通过疫情也让我欣慰的是，自己真的从这场人类的灾难中挺了过来。

其实，这一切的一切，都要感谢那些支持我们的百姓，感谢那些为我们披荆斩棘的老前辈，正是大家的众志成城，才最终坚定了我们守护地区、守护百姓的决心与信心。

如今，已经有越来越多的年轻人，加入志愿者队伍，光荣地成

为一名名"大白"，相信在不久将来，我们一定能战胜疫情，迎来摘下口罩的那一天。

**延伸阅读**

2020年2月，中共中央总书记、国家主席、中央军委主席习近平就关心爱护参与疫情防控工作的医务人员专门作出重要指示，强调医务人员是战胜疫情的中坚力量，务必高度重视对他们的保护、关心、爱护，从各个方面提供支持保障，使他们始终保持强大战斗力、昂扬斗志、旺盛精力，持续健康投入战胜疫情斗争。

新冠肺炎疫情发生以来，广大医务人员夜以继日、连续奋战，有医务人员不幸被病毒感染，有的甚至献出了生命，体现了医者仁心的崇高精神。基层是疫情防控的第一道防线，作为离百姓最近的医务人员，社区医生在这场战疫中起到了至关重要的作用。疫情期间，北京市的20余万名医护人员，担当起了居民健康"守门人"的重担，对居民保持健康监测，定期进行核酸检测，这些社区医生坚守住了基层健康服务的网底，用医术守护了居民百姓，用热情温暖了人心。

# 后记

　　故事是人类文化的基本元素和重要标识。本书将收录的 35 个故事，分为"承启·前行""使命·担当""奋发·追梦""践行·初心""忠诚·责任""守望·幸福""启迪·未来"七个部分，全面展现了朝阳区小红门地区在城市化建设、疫情防控，以及文明城区创建中涌现的先进人物和典型事迹。这 35 名宣讲员，通过自己生动的宣讲，将一个又一个真实的经历和感人的故事，传播进千家万户，让地区百姓看到了地区工委、办事处在各项工作中的有力举措，感受到了来自地区工委、办事处的关怀和温暖。

　　2021 年 12 月 14 日，习近平总书记在中国文联十一大、中国作协十大开幕式上指出："要立足中国大地，讲好中国故事。"我们希望通过宣讲的形式，通过对先进典型的挖掘，凝心聚力，传递新时代的正能量，探索出一条有利于地区发展的新道路，为推动朝阳区"两区"建设凝聚精神力量。

　　最后，编写组谨代表全体编写人员向小红门地区各级领导、相关部门，以及全体宣讲员的全力配合和鼎力支持表示感谢。由于编者水平有限，对于书中不足，敬请读者批评指正。

本书编写组

2022 年 8 月 1 日

图书在版编目（CIP）数据

非常使命 .2 / 中共北京市朝阳区小红门地区工委，北京市朝阳区小红门地区办事处编 . -- 北京 : 中华工商联合出版社 , 2022.11

ISBN 978-7-5158-3552-5

Ⅰ . ①非… Ⅱ . ①中… ②北… Ⅲ . ①社会科学－文集 Ⅳ . ① C53

中国版本图书馆 CIP 数据核字 (2022) 第 185347 号

**非常使命 2**

| | | |
|---|---|---|
| 主　　　　编 | : | 王 小 红 |
| 副 主 编 | : | 刘　　岚 |
| 出 品 人 | : | 刘　　刚 |
| 责 任 编 辑 | : | 吴 建 新 |
| 装 帧 设 计 | : | 张 合 涛 |
| 责 任 审 读 | : | 付 德 华 |
| 责 任 印 制 | : | 迈 致 红 |
| 出 版 发 行 | : | 中华工商联合出版社有限公司 |
| 排 版 设 计 | : | 北京润博艺华文化传媒有限公司 |
| 印　　　　刷 | : | 廊坊市金虹宇印务有限公司 |
| 版　　　　次 | : | 2022 年 10 月第 1 版 |
| 印　　　　次 | : | 2022 年 10 月第 1 次印刷 |
| 开　　　　本 | : | 710×1000　1/16 |
| 字　　　　数 | : | 207 千字 |
| 印　　　　张 | : | 18.75 |
| 书　　　　号 | : | ISBN 978-7-5158-3552-5 |
| 定　　　　价 | : | 88.00 元 |

服 务 热 线 : 010-58301130-0（前台）

销 售 热 线 : 010-58302977（网店部）

010-58302166（门店部）

010-58302837（馆配部、新媒体部）

010-58302813（团购部）

地 址 邮 编 : 北京市西城区西环广场 A 座

19-20 层，100044

http : //www.chgslcbs.cn

投 稿 热 线 : 010-58302907（总编室）

投 稿 邮 箱 : 1621239583@qq.com

工商联版图书

版权所有　盗版必究

凡本社图书出现印装质量问题，请与印务部联系。

联系电话 : 010-58302915